高校入試 近道問題 11 リスニング

この本の特色

① コンパクトな問題集

入試対策として必要な単元・項目を短期間で学習できるよう，コンパクトにまとめた問題集です。

② ちかみち

「問題を解くためにこれだけは確認しておきたい」事項を ちかみち として，また，リスニング問題で参考になる事項を listen として掲載しています。

③ 放送台本・全訳

解答・解説には，問題の放送台本と全訳がついています。聞きとれなかったところや，意味を把握できなかったところを理解するのに役立てましょう。

＊ リスニング音声について

リスニング音声では，各問題，放送台本を１回ずつ読みあげます。（実際の入試では2回読まれる場合もあります。）耳が慣れるまで繰り返し聞いて練習しましょう。

この本の内容

リスニング音声は英俊社ウェブサイト「**リスもん**」から再生できます。

再生の際は右のコードを入力してください。 **58347692**

スマホはこちら

https://www.eisyun.jp/products/listening/index/

1 会話表現に慣れる① 〈道案内〉 近道問題

＼CHIKAMICHI／
ちかみち

道案内でよく使われる表現

- Could you tell me the way to ～?　～へ行く道を教えていただけますか。
- Turn left（right）at ～.　～で左（右）に曲がってください。
- Go along this street.　この通りを行ってください。
  参照）Go straight.　まっすぐ行ってください。
- You will see（find）～ on your left（right）.　左（右）に～があります。
- next to ～　～のとなりに
- on the corner　角に

◇例題◇　放送を聞いて，質問に対する答えとして最も適切なものを，ア～エから１つ選びなさい。　（愛媛県）

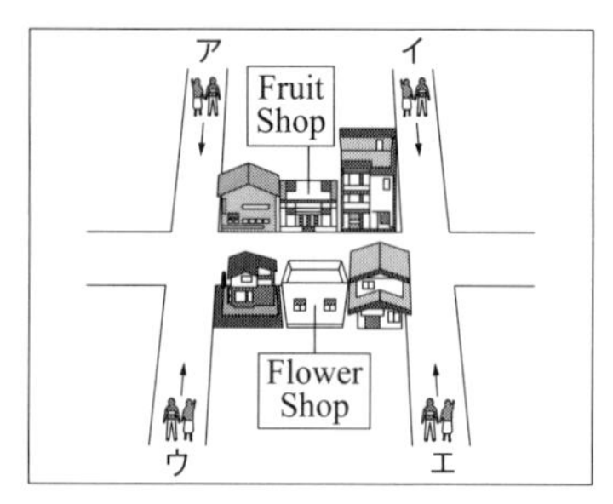

◇解答◇　イ

◆放送文◆

A：　I'm looking for the flower shop. **Do you know where it is?**

B：　Yes. **Go straight** and **turn right at** the first street. And you'll see it **on your left**. It's **in front of** the fruit shop.

A：　Turn left at the first street?

B：　No. Turn right.

A：　I see. Thank you.

Question：Where are they now?

問題に地図が出てきたら，道案内の英文が読まれると予測する。

選択肢がすべて場所を表す単語の場合も同じ。実際に，自分が案内されているつもりで，聞こえてくる英語を頼りに，地図上の起点から移動してみよう。

1 放送を聞いて，質問に対する答えとして最も適切なものを，ア～エから１つ選びなさい。 (山形県)

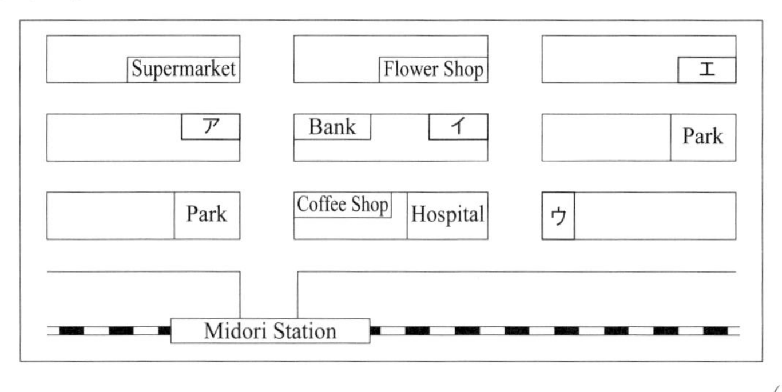

(　　)

2 放送を聞いて，質問に対する答えとして最も適切なものを，ア～エから１つ選びなさい。 (静岡県)

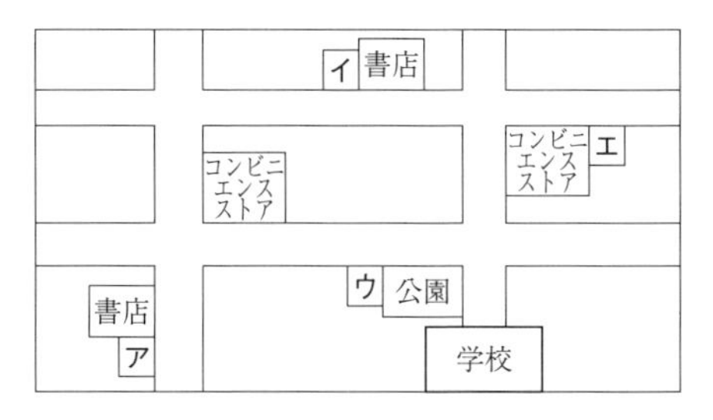

(　　)

3 放送を聞いて，質問に対する答えとして最も適切なものを，ア～エから１つ選びなさい。 (新潟県)

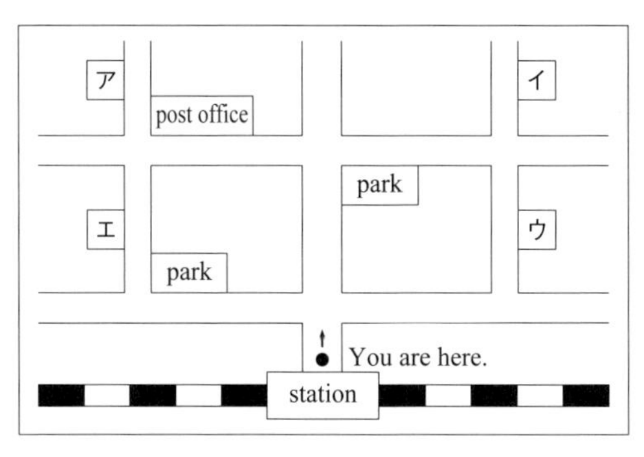

(　　)

2 会話表現に慣れる② 〈電話〉 近道問題

＼CHIKAMICHI／
ちかみち

電話の会話でよく使われる表現

- May I speak to ～〈人の名前〉, please?
  ～さんお願いします。(取り次ぎをたのむときに使う)
- He (She) is out.　留守です。
- Can I leave a message?　伝言をお願いできますか。
- May I take a message?　伝言をお預かりしましょうか。
- Could you tell him (her) to ～?　～するように伝えていただけますか。
- call back later　かけ直す

◇例題◇　放送を聞いて，質問に対する答えとして最も適切なものを，ア～エから１つ選びなさい。　(鳥取県)

What does Makiko want to do?

ア　She wants to call her mother.

イ　She wants to call Naomi again.

ウ　She wants Naomi to leave a message.

エ　She wants Naomi to call her back.

◇解答◇　エ

◆放送文◆

A：　Hello?

B：　Hello, this is Makiko speaking. **May I speak to Naomi, please?**

A：　Sorry, **she's out** now. **Can I take a message?**

B：　Yes. **Could you ask her to call me back** after 7 p.m.?

A：　Sure. I'll tell her. Bye, Makiko.

電話の用件が何かを聞きとる。

電話の会話では，友人が不在のため伝言を残し，その伝言の内容について問われるパターンが多い。また，本人同士の会話場面でも，何について話し合っているかを問われることが多い。

1 放送を聞いて，質問に対する答えとして最も適切なものを，ア〜エから１つ選びなさい。 （岡山県）

ア　She has to change the meeting place.

イ　She cannot draw pictures well.

ウ　She will be late.

エ　She is waiting at the museum.

（　　）

2 放送を聞いて，質問に対する答えとして最も適切なものを，ア〜エから１つ選びなさい。 （広島県）

ア　He will ask Meg to leave a message for Ayaka.

イ　He will take Meg to her friend's birthday party.

ウ　He will talk with Meg about his birthday party.

エ　He will tell Meg to call back Ayaka after 2 p.m.

（　　）

3 放送を聞いて，質問に対する答えとして最も適切なものを，ア〜エから１つ選びなさい。 （東京都）

ア　To call Ken later.　　イ　To leave a message.

ウ　To do Bob's homework.　　エ　To bring his math notebook.

（　　）

3 会話表現に慣れる③〈買い物〉 近道問題

＼CHIKAMICHI／
ちかみち

買い物の会話でよく使われる表現

店員	客
●May I help you?　いらっしゃいませ。	●I'm looking for ～. ～を探しています。
●How about this one? こちらはどうですか。	●Do you have a bigger（smaller）one? もう少し大きい（小さい）サイズはありますか。
●We have some other colors. 別の色ならございます。	●I'll take it.　これにします。
●Anything else? 他に何かございますか。	●That's all.　以上です。

◇例題◇　放送を聞いて，質問に対する答えとして最も適切なものを，ア～エから１つ選びなさい。（岡山県）

ア　A red T-shirt.　イ　A blue bag.

ウ　A red T-shirt and a blue bag.　エ　A blue T-shirt and a red bag.

◇解答◇　ウ

◆放送文◆

A：　**May I help you?**

B：　**I am looking for** a red T-shirt.

A：　OK. **How about this?**

B：　It is nice. And I like this blue bag, too. I'll take both the T-shirt and the bag.

A：　Thank you.

Question：What will the woman buy?

listen 買い物のシーンでは，買う（探している）もの，色，大きさ，個数，値段などに注意して聞きとりながら，メモをしておこう。

1 放送を聞いて，対話の最後のことばに対する応答として最も適切なものを，ア～エから１つ選びなさい。 (山口県)

ア　Then do you have another color?

イ　No. Do you want a large one?

ウ　That’s really good for you and me.

エ　Yes. I like shopping very much.

(　　　)

2 放送を聞いて，質問に対する答えとして最も適切なものを，ア～エから１つ選びなさい。 (奈良県)

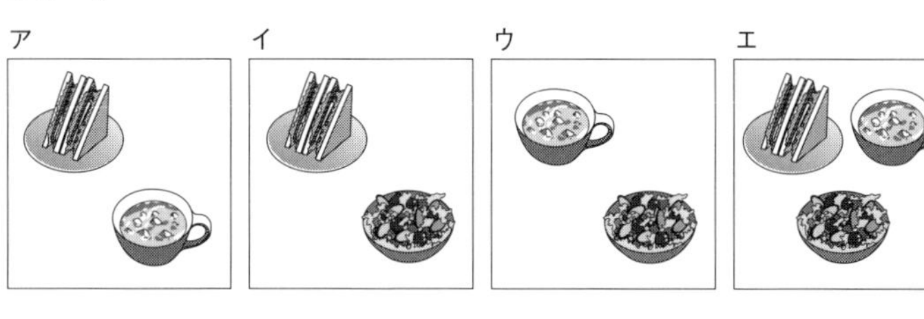

(　　　)

3 放送を聞いて，質問に対する答えとして最も適切なものを，ア～エから１つ選びなさい。 (福井県)

ア　1,000 yen.　　イ　1,500 yen.　　ウ　2,000 yen.　　エ　3,000 yen.

(　　　)

4 放送を聞いて，質問に対する答えとして最も適切なものを，ア～エから１つ選びなさい。 (福井県)

ア 
2,600yen

イ 
2,700yen

ウ 
3,200yen

エ 
2,500yen

(　　　)

4 会話表現に慣れる④〈誘い，予定の相談・約束〉 近道問題

＼CHIKAMICHI／
ちかみち

誘い・相談・約束の会話でよく使われる表現

誘い	●Let's ～.	～しましょう。
	●Why don't we ～?	～しませんか。
	●How about ～ing?	～するのはどうですか。
約束	●Shall we meet at the station?	駅で待ち合わせしましょうか。
断り	●I'm sorry. I have to ～.	ごめんなさい。～しなければなりません。

◇例題◇　放送を聞いて，質問に対する答えとして最も適切なものを，ア～エから１つ選びなさい。（石川県）

ア

Schedule	
Mon	Basketball Practice
Tue	Piano Lesson
Wed	
Thu	Basketball Practice
Fri	Basketball Practice

イ

Schedule	
Mon	Basketball Practice
Tue	
Wed	Basketball Practice
Thu	Library
Fri	Basketball Practice

ウ

Schedule	
Mon	Basketball Practice
Tue	Library
Wed	
Thu	Basketball Practice
Fri	Basketball Practice

エ

Schedule	
Mon	Basketball Practice
Tue	
Wed	Basketball Practice
Thu	Piano Lesson
Fri	Basketball Practice

◇解答◇　イ

◆放送文◆

A：　Mark, **would you like to go to the library to study with me this week?**

B：　Hi, Emi. Well, I have basketball practice on Monday, Wednesday and Friday. **How about Tuesday?**

A：　I'm sorry. I have a piano lesson on Tuesday.

B：　OK, well... I have time on Thursday after school.

A：　Thank you. I'll meet you in the library, then.

Question：Which one is Mark's schedule for this week after the dialog?

listen　相手の予定を尋ねたり，自分の予定を話し始めたりする対話では，「誘い（提案）」→「相談・約束」の流れになると予測できる。

1 放送を聞いて，質問に対する答えとして最も適切なものを，ア～エから１つ選びなさい。 （宮崎県）

ア　8:15 a.m.　　イ　8:30 a.m.　　ウ　8:33 a.m.　　エ　8:50 a.m.

（　　　）

2 放送を聞いて，質問に対する答えとして最も適切なものを，ア～エから１つ選びなさい。 （島根県）

ア　Visiting the City Museum.　　イ　How to paint well.

ウ　Traveling in France.　　エ　Meeting at Lisa's house tomorrow.

（　　　）

3 放送を聞いて，質問に対する答えとして最も適切なものを，ア～エから１つ選びなさい。 （山梨県）

ア　At eleven o'clock.　　イ　At twelve o'clock.　　ウ　At one o'clock.

エ　At two o'clock.

（　　　）

4 放送を聞いて，質問に対する答えとして最も適切なものを，ア～エから１つ選びなさい。 （山梨県）

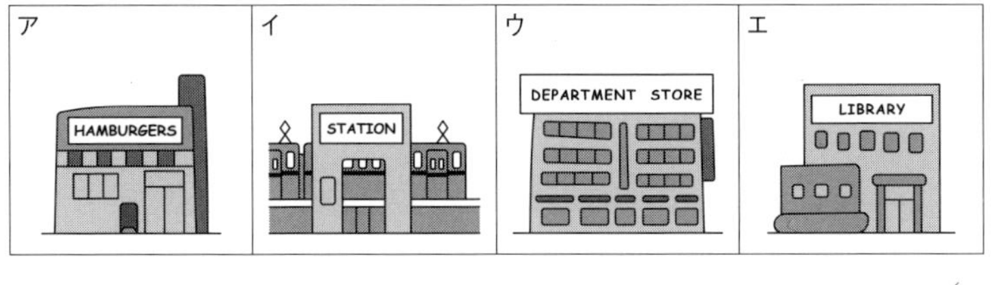

（　　　）

5 天気を理解する 近道問題

＼CHIKAMICHI／
ちかみち

天気でよく使われる表現

- How's the weather today?　　今日の天気はどうですか。
- It will be sunny ／ cloudy ／ rainy tomorrow.
　　明日は〔晴れ／くもり／雨〕でしょう。
- 気候を表す表現も合わせて覚えておこう。
　It is warm ／ hot ／ cool ／ cold today.
　　今日は〔暖かい／暑い／涼しい／寒い〕です。

◇例題◇　放送を聞いて，質問に対する答えとして最も適切なものを，ア～エから１つ選びなさい。（広島県）

ア
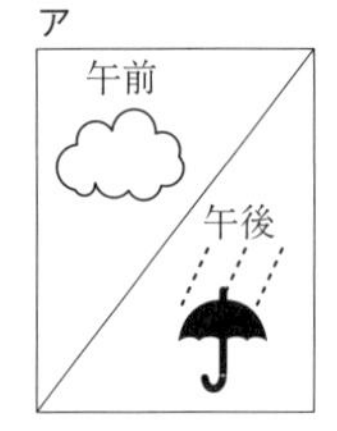

イ

ウ

エ

◇解答◇　ア

◆放送文◆

A：　Good morning, Judy. It's Sunday today. Are you going to go out?

B：　Yes. I'm going to go shopping with my friends this afternoon. I hope it'll be sunny.

A：　Let's see. The Internet says **it'll be cloudy** in the morning but **rainy** in the afternoon.

B：　Oh, no!

Question：How will the weather be on Sunday?

listen 例題では，絵から午前／午後の情報を聞きとる必要があると予測できる。天気の問題は，「いつ」「どういう状態か」に気をつけて聞いてみよう。

1 放送を聞いて，質問に対する答えとして最も適切なものを，ア～エから１つ選びなさい。 （北海道）

ア

イ

ウ

エ

（　　　）

2 放送を聞いて，質問に対する答えとして最も適切なものを，ア～エから１つ選びなさい。 （東京都）

ア　It says that it will be cold.　　イ　It says that it will be snowy.
ウ　It says that it will be cloudy.　エ　It says that it will be rainy.

（　　　）

3 放送を聞いて，質問に対する答えとして最も適切なものを，ア～エから１つ選びなさい。 （大分県）

ア
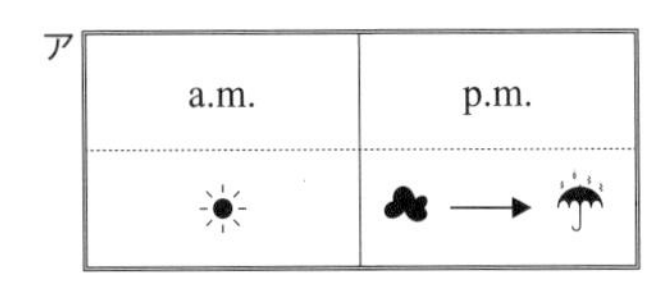

イ
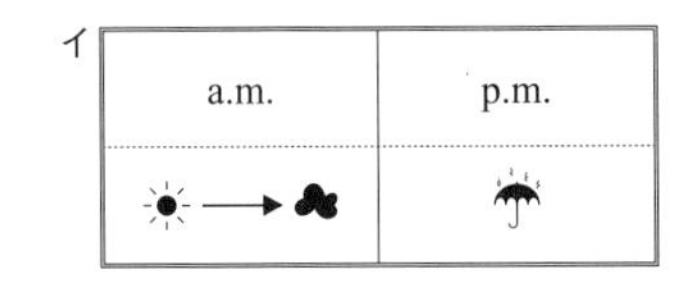

ウ
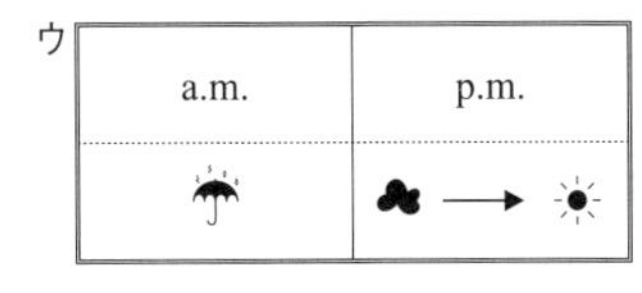

エ

a.m.	p.m.

（　　　）

4 放送を聞いて，質問に対する答えとして最も適切なものを，ア～エから１つ選びなさい。 （千葉県）

	ア	イ	ウ	エ
Tomorrow				
The Day After Tomorrow				

（　　）

5 ラジオの天気予報を聞いて，それぞれの質問に対する答えとして最も適切なものを，ア～エから１つ選びなさい。 （宮崎県）

(1) ア　8月13日　　イ　8月30日　　ウ　9月13日　　エ　9月30日

(2) ア　イ　ウ　エ

(3) ア　25℃　　イ　28℃　　ウ　30℃　　エ　33℃

(1)(　　)　(2)(　　)　(3)(　　)

6 日付・時間・曜日を聞きとる 近道問題

＼CHIKAMICHI／
ちかみち

よく使われる表現

- What time is it now?　今，何時ですか。
  —It's nine o'clock.　9時です。
- 問題の絵より時間がテーマとわかるので，聞き逃さないように。

◇例題◇　放送を聞いて，質問に対する答えとして最も適切なものを，ア～エから1つ選びなさい。（奈良県）

◇解答◇　ア

◆放送文◆

Mike：I'll get up early for the soccer game tomorrow, Mom.

Mother：What time will you get up, Mike?

Mike：I'm going to get to the station at seven thirty, so I have to get up at six and leave home at seven.

Mother：OK. Go to bed early.

Question：What time does Mike have to get up?

listen

数値だけを聞きとっても，問題が解けるわけではない。だれ（主語）がどうする（動詞）のかをメモしていく。

例題の場合

MEMO
マイクは…
・駅に行く　7:30
・起きる　6:00
・家を出る　7:00

近道問題11

1 放送を聞いて，質問に対する答えとして最も適切なものを，ア～エから１つ選びなさい。 （愛媛県）

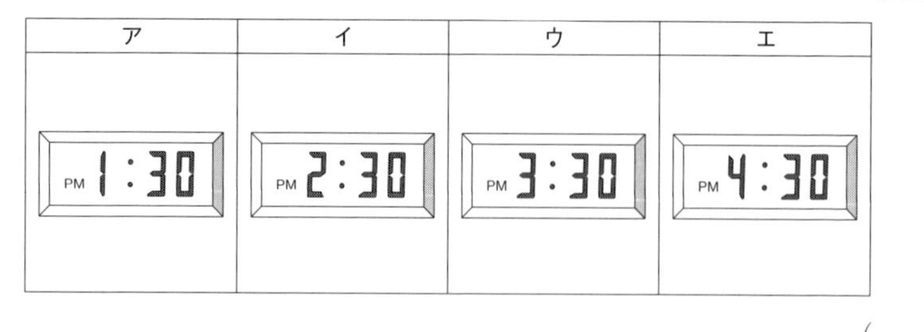

（　　）

2 放送を聞いて，質問に対する答えとして最も適切なものを，ア～エから１つ選びなさい。 （静岡県）

7月

日	月	火	水	木	金	土
				1	2	3
4	5	6	7	8	9	10
11	12 ア	13	14	15	16 イ	17
18	19	20 ウ	21	22	23 エ	24
25	26	27	28	29	30	31

（　　）

3 放送を聞いて，質問に対する答えとして最も適切なものを，ア～エから１つ選びなさい。 （東京都）

ア　At eleven fifteen.　　イ　At eleven twenty.　　ウ　At eleven thirty.
エ　At eleven fifty-five.

（　　）

4 放送を聞いて，質問に対する答えとして最も適切なものを，ア～エから１つ選びなさい。　（京都府）

ア　On Monday.　　イ　On Tuesday.　　ウ　On Thursday.
エ　On Sunday.

（　　　）

5 放送を聞いて，質問に対する答えとして最も適切なものを，ア～エから１つ選びなさい。　（山梨県）

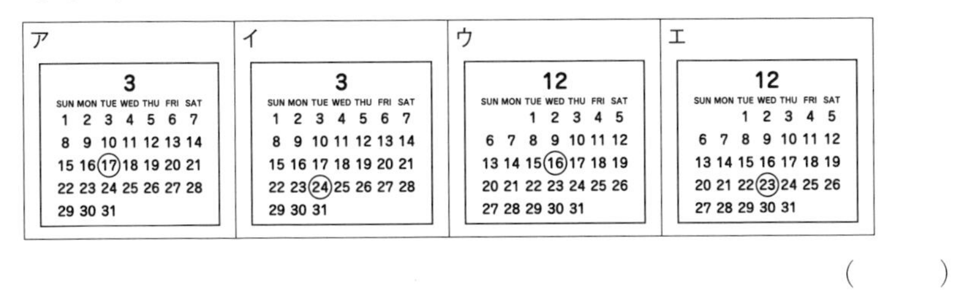

（　　　）

6 放送を聞いて，質問に対する答えとして最も適切なものを，ア～エから１つ選びなさい。　（山梨県）

ア　At one o'clock.　　イ　At two o'clock.　　ウ　At three o'clock.
エ　At four o'clock.

（　　　）

7 期間・回数を聞きとる 近道問題

＼CHIKAMICHI／
ちかみち

よく使われる表現

- How long did you stay in London? ロンドンにはどれくらい滞在しましたか。
  — I stayed there for seven days. 7日間滞在しました。
- How many times have you been to USJ? USJには何回行ったことがありますか。
  — I have been there three times. 3回あります。

◇例題◇

(1) 放送を聞いて，質問に対する答えとして最も適切なものを，ア～エから1つ選びなさい。 (茨城県)

ア To stay in Canada for ten days.
イ To stay in America for ten days.
ウ To stay in America for two weeks.
エ To stay in Canada for two weeks.

(2) 放送を聞いて，質問に対する答えとして最も適切なものを，ア～エから1つ選びなさい。 (茨城県)

ア Twice. イ Three times. ウ Four times. エ Five times.

◇解答◇ (1) エ (2) イ

◆放送文◆

(1) A： Do you have any plans for the next summer holidays, Lisa?
B： Yes, I'm going to visit Canada.
A： Oh, really? I stayed in America for ten days last summer. **How long are you going to stay?**
B： **For two weeks.**
Question：What is Lisa's plan for the next summer holidays?

(2) A： Junko, have you ever been to a foreign country?
B： Yes, Mark. I've been to Canada **three times** and China **twice**.
A： Wow, that's great. Which country do you like better?
B： I like Canada better.
Question：**How many times has Junko been to Canada?**

listen 期間を聞きとる問題では，ある日付や曜日から起算して何日間かを問われることがよくある。月，日，曜日に関する情報も聞き逃さないようにしよう。

1 放送を聞いて，質問に対する答えとして最も適切なものを，ア〜エから1つ選びなさい。（奈良県）

ア Five books.　イ Ten books.　ウ For two weeks.
エ For four weeks.

（　　）

2 放送を聞いて，質問に対する答えとして最も適切なものを，ア〜エから1つ選びなさい。（三重県）

ア For a day.　イ For two days.　ウ For three days.
エ For five days.

（　　）

3 放送を聞いて，質問に対する答えとして最も適切なものを，ア〜エから1つずつ選びなさい。（京都先端科学大附高）

(1) ア Many times.　イ Once.　ウ Never.　エ Three times.
(2) ア He did.　イ His sister did.　ウ His mother did.
エ His father did.

(1)（　　）(2)（　　）

8　位置を示す語句を聞きとる　近道問題

＼CHIKAMICHI／
ちかみち

位置を判断するために，これらの前置詞を聞きとって区別する。

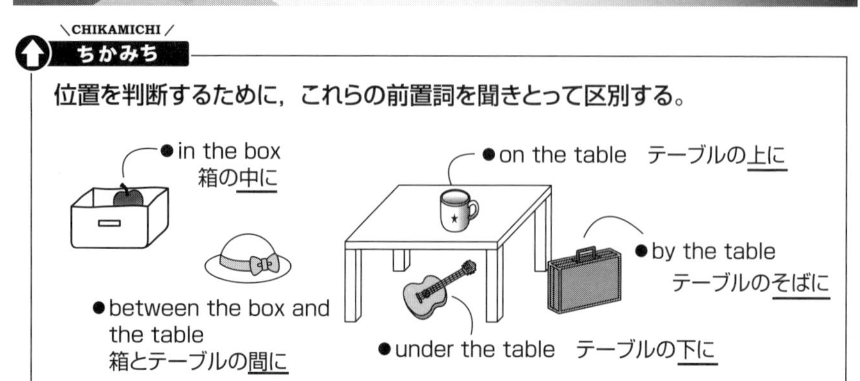

◇例題◇　放送を聞いて，質問に対する答えとして最も適切なものを，ア～エから１つ選びなさい。　（宮崎県）

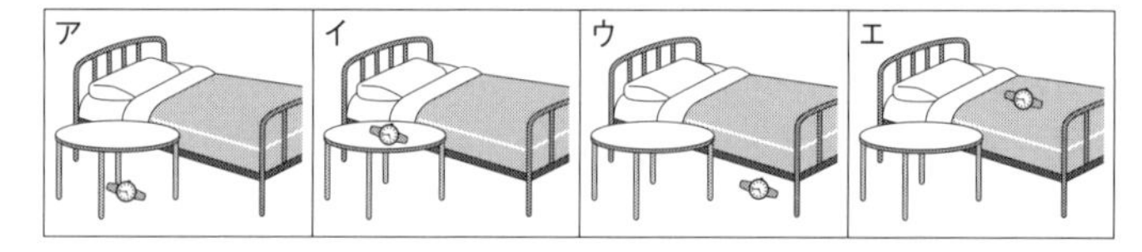

◇解答◇　ウ

◆放送文◆

M：　Mom, I put my watch **on the table by the bed**. But I couldn't find it.

F：　How about looking **under the bed**, Mike?

M：　OK. Oh, I've found it.

F：　I'm glad I could help.

Question：Where did Mike find his watch?

listen 質問のパターンとしては「登場人物はどこに物を置いたのか」,「その物は今どこにあるのか」などの形がある。話の流れに注意して聞き取りながら，メモしておこう。

1 放送を聞いて，質問に対する答えとして最も適切なものを，ア～エから１つ選びなさい。 （島根県）

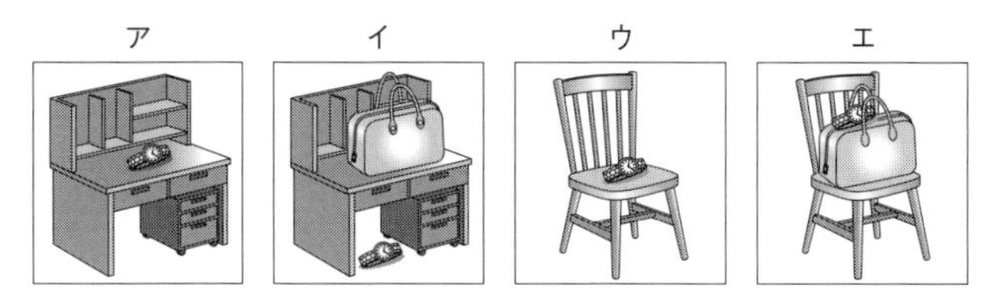

（　　）

2 放送を聞いて，質問に対する答えとして最も適切なものを，ア～エから１つ選びなさい。 （新潟県）

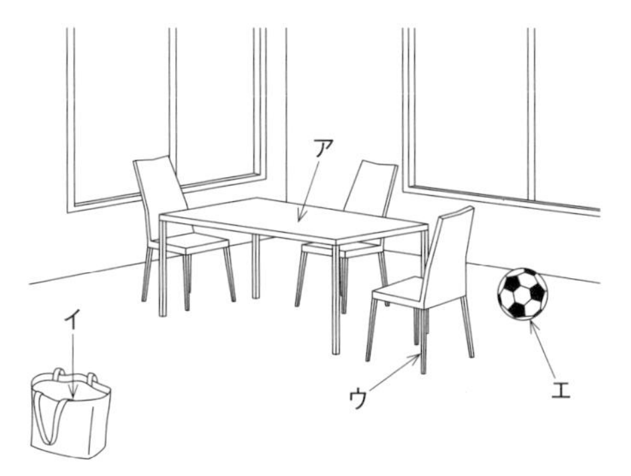

（　　）

3 放送を聞いて，質問に対する答えとして最も適切なものを，ア～エから１つ選びなさい。 （福井県）

（　　）

9　人物のいる場所を判断する　近道問題

＼CHIKAMICHI／
ちかみち

選択肢をみると，場所が聞きとりポイントだと予測できる。
放送文が流れたら，場所を示す語句と主語をセットで整理する。

◇例題◇　放送を聞いて，質問に対する答えとして最も適切なものを，ア〜エから１つ選びなさい。（大阪信愛学院高）

ア　In the science room.　　イ　On the 5th floor.

ウ　In the computer room.　　エ　On the 6th floor.

◇解答◇　ウ

◆放送文◆

Girl：　Where is Mr. Smith?

Boy：　He is **in the computer room**.

Girl：　Computer room? Is that **on the 6th floor**?

Boy：　No, it isn't. It's **on the 4th floor, next to the science room**.

Girl：　Thanks for your help.

Question：Where is Mr. Smith?

listen　ほかに，選択肢のすべてが，場所を示している場合→登場人物の行動や会話から，会話が行われている場所を推測して答える問題もある。

例）ア　at a supermarket　　イ　at a coffee shop　　ウ　at a station

「〜行きの電車が何番線から発車するか」についての会話内容であれば，答えはウ（駅）となる。

1 放送を聞いて，質問に対する答えとして最も適切なものを，ア～ウから１つ選びなさい。 （佐賀県）

ア At a station.　イ At a gym.　ウ At a shop.

（　　）

2 放送を聞いて，質問に対する答えとして最も適切なものを，ア～エから１つ選びなさい。 （東京都）

ア On the highest floor of a building.　イ At a temple.

ウ At their school.　エ On the seventh floor of a building.

（　　）

3 放送を聞いて，質問に対する答えとして最も適切なものを，ア～エから１つ選びなさい。 （千葉県）

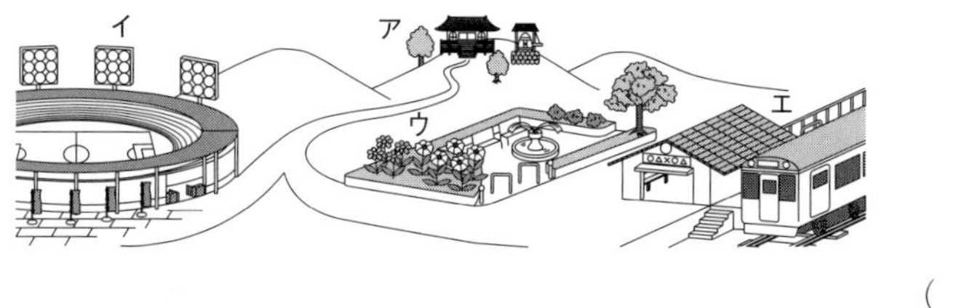

（　　）

4 放送を聞いて，質問に対する答えとして最も適切なものを，ア～エから１つずつ選びなさい。 （栃木県）

(1) ア In Kentaro's house.　イ In Tom's room.

ウ At the cinema.　エ At the meeting room.

(2) ア Call Tom.　イ Go back home.　ウ Say sorry to Tom.

エ See the movie.

(1)（　　） (2)（　　）

10 比較の情報を整理する 近道問題

＼CHIKAMICHI／
ちかみち

選択肢からのアプローチ
絵を見ると，３人の持っている車の比較がテーマだとわかる。主語に注意して情報を聞きとる。
⇒トムの車はケンのより古いが，エミリーのほど古くはない。エミリーの車が一番古い。

◇例題◇　放送を聞いて，質問に対する答えとして最も適切なものを，ア～エから１つ選びなさい。（高知県）

ア			イ		
Tom's car	Emily's car	Ken's car	Tom's car	Ken's car	Emily's car
1980年製	1990年製	2000年製	1980年製	1990年製	2000年製
ウ			**エ**		
Emily's car	Tom's car	Ken's car	Emily's car	Ken's car	Tom's car
1980年製	1990年製	2000年製	1980年製	1990年製	2000年製

◇解答◇　ウ

◆放送文◆

Tom, Ken and Emily like old cars. Tom's car is **older than** Ken's. Tom's car is **not as old as** Emily's. Emily's car is **the oldest of** the three.

listen **-er … than, -est, more, most** といった単語が聞こえてきたら，何が（だれが），何（だれ）と比べてどうなのかを整理する。

1 放送を聞いて，英文の内容に最もよく合うものを，ア～エから１つ選びなさい。 (鳥取県)

(　　)

2 放送を聞いて，質問に対する答えとして最も適切なものを，ア～エから１つ選びなさい。 (滋賀県)

(各クラスのアンケート結果)

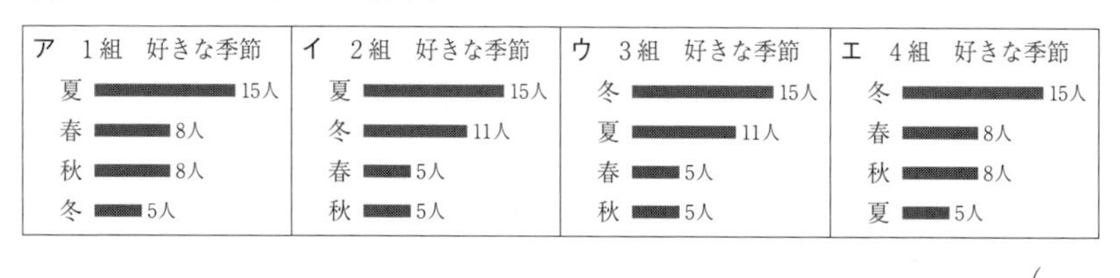

(　　)

3 放送を聞いて，質問に対する答えとして最も適切なものを，ア～エから１つ選びなさい。 (広島県)

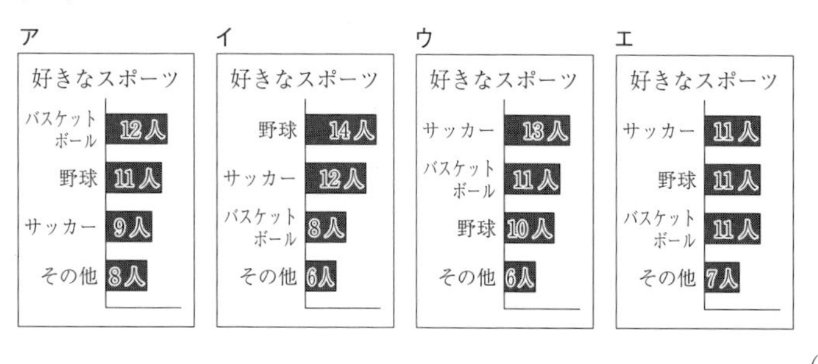

(　　)

4 放送を聞いて，質問に対する答えとして最も適切なものを，ア～エから１つ選びなさい。 (東京都)

ア　John.　　イ　Bob.　　ウ　Mike.　　エ　John's father.

(　　)

11 数値を聞きとる 近道問題

＼CHIKAMICHI／
ちかみち

図表が示す情報からのアプローチ
表を見ると，電車の発着時間や運賃などが問題になっているとわかる。それぞれのポイントを整理しながら英文を聞こう。

◇例題◇　放送を聞いて，質問に対する答えとして最も適切なものを，ア～エから１つ選びなさい。（福岡県）

Train	Green Station	Spring Station	
ア	9:10	9:35	2 dollars
イ	9:20	10:05	2 dollars
ウ	9:25	9:50	2 dollars
エ	9:40	9:55	3 dollars

◇解答◇　ウ

◆放送文◆

Tom is at Green Station and wants to go to Spring Station by train. It's **9:15** now. He needs to get to Spring Station **by 10:00**. He can use only **2 dollars** to get there. Which train will he use?

聞こえてくる数値を整理してみよう。

例題の場合…

現在の時刻→９時15分

・トムは10時までにスプリング駅に到着する必要がある。
・トムは２ドルしか使うことができない。

よって，トムが利用するのは**ウ**の電車。

1 放送を聞いて，質問に対する答えとして最も適切なものを，ア～エから１つ選びなさい。 （京都府）

ア　One apple.　イ　Two apples.　ウ　Three apples.
エ　Six apples.

（　　）

2 放送を聞いて，質問に対する答えとして最も適切なものを，ア～エから１つ選びなさい。 （京都府）

ア　At 2:30.　イ　At 2:45.　ウ　At 3:00.　エ　At 3:15.

（　　）

3 放送を聞いて，質問に対する答えとして最も適切なものを，ア～エから１つ選びなさい。 （明星高）

ア　Three.　イ　Four.　ウ　Six.　エ　Nine.

（　　）

4 放送を聞いて，質問に対する答えとして最も適切なものを，ア～エから1つ選びなさい。　(島根県)

ア

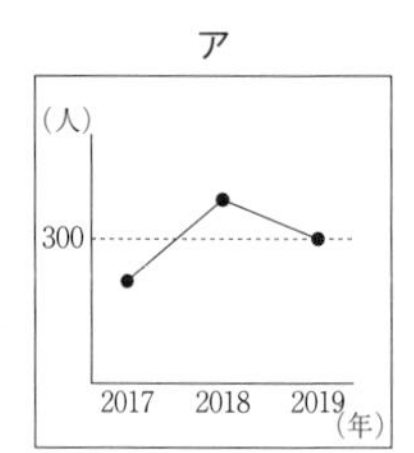

イ

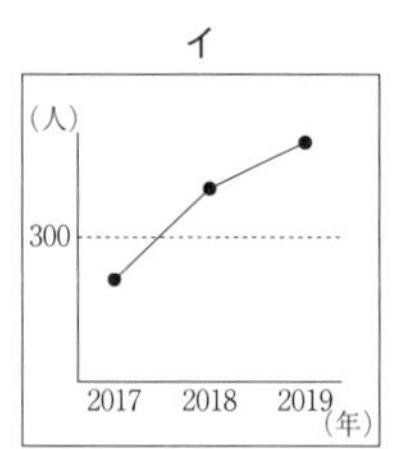

ウ

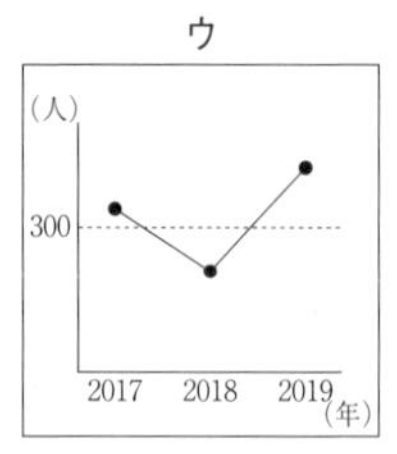

エ

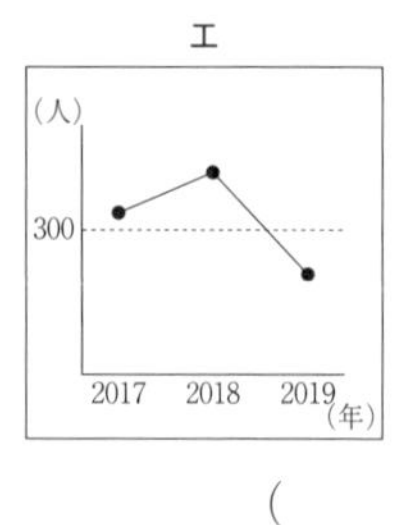

(　　)

5 放送を聞いて，質問に対する答えとして最も適切なものを，ア～エから1つ選びなさい。　(千葉県)

ア

books
0　10
1～5　7
6～10　11
11～　5
0　5　10
students

イ

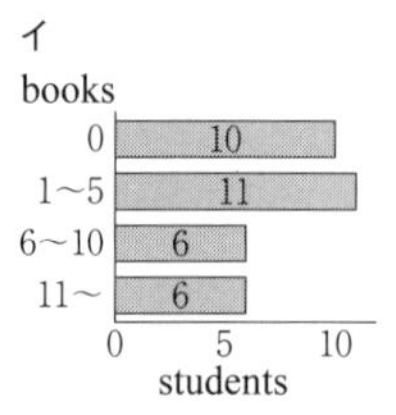

ウ

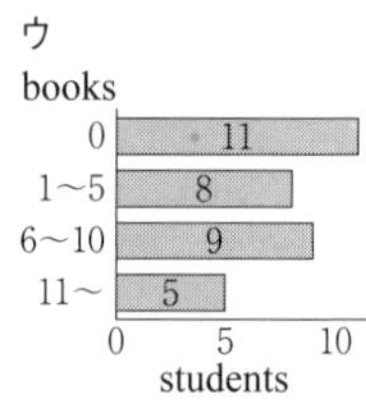

エ

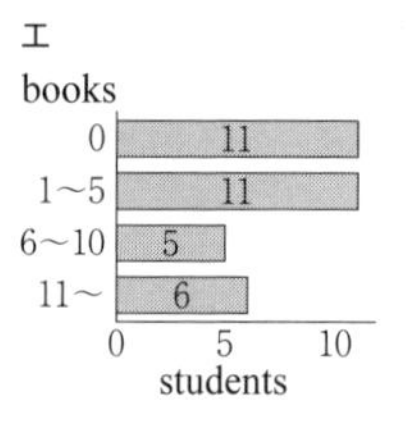

(　　)

12 英文から物を連想する 近道問題

＼CHIKAMICHI／
ちかみち

英文から物を連想できるようにしておこう。

例：When you play tennis, you use it.　What is this?：ラケット（racket）
　　When it is raining, you use it.　What is this?：かさ（umbrella）

◇例題◇　放送を聞いて，質問に対する答えとして最も適切なものを，ア～エから1つ選びなさい。（青森県）

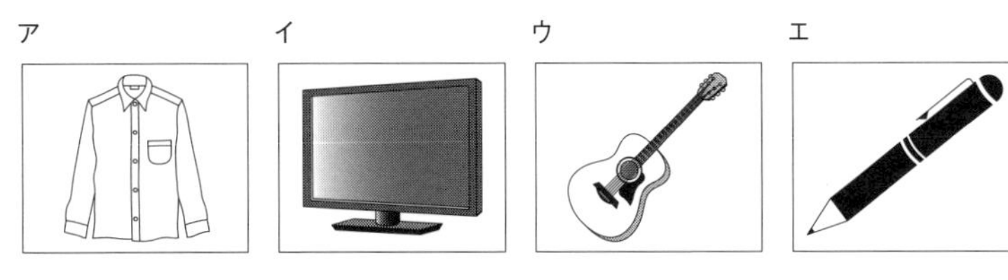

◇解答◇　エ

◆放送文◆

You use this for writing something. Which picture shows this?

選択肢の絵が，違うものが並んでいる場合

⇒放送文でいずれかを説明している（連想させる）英文が読まれていることが多い。

近道問題11

1 放送を聞いて，質問に対する答えとして最も適切なものを，ア～エから１つ選びなさい。 （滋賀県）

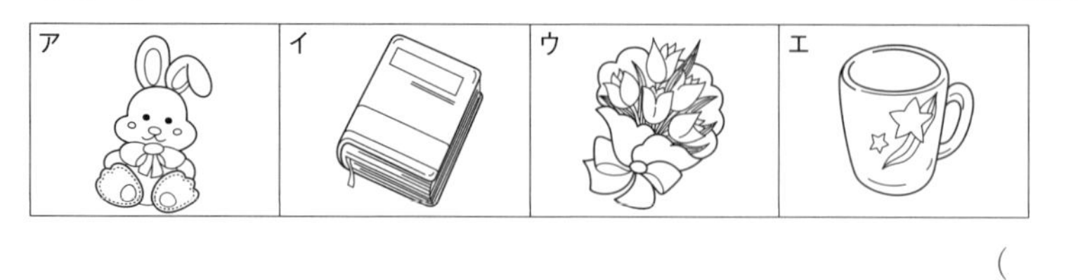

（　　　）

2 放送を聞いて，質問に対する答えとして最も適切なものを，ア～エから１つ選びなさい。 （島根県）

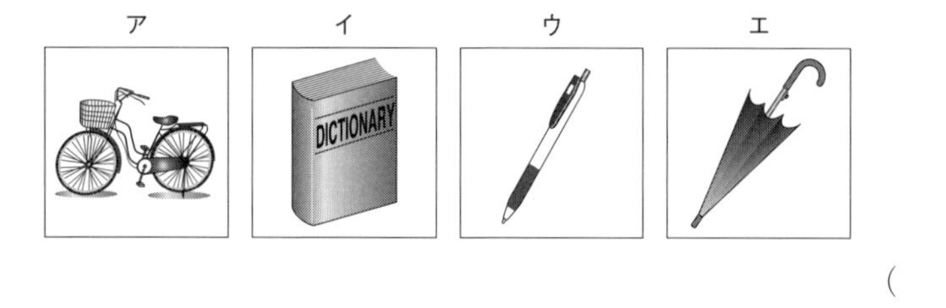

（　　　）

3 放送を聞いて，質問に対する答えとして最も適切なものを，ア～エから１つ選びなさい。 （愛媛県）

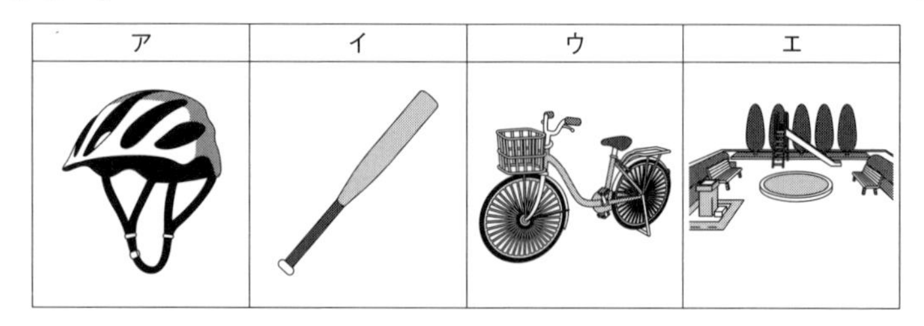

（　　　）

4 放送を聞いて，質問に対する答えとして最も適切なものを，ア～エから１つ選びなさい。 (山梨県)

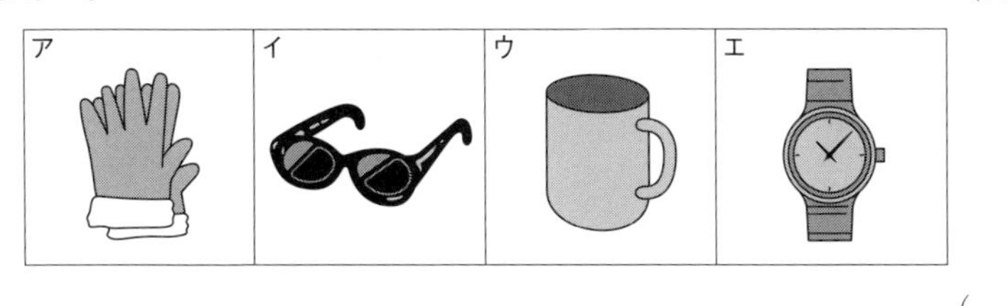

(　　)

5 放送を聞いて，質問に対する答えとして最も適切なものを，ア～エから１つ選びなさい。 (千葉県)

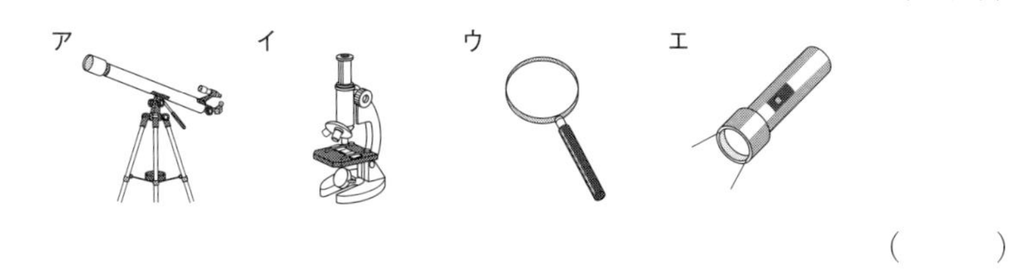

(　　)

13 人物と行動を対応させる 近道問題

＼CHIKAMICHI／
ちかみち

選択肢を見ると，登場人物の行動がポイントになると予測できる。

- 会話主：Satoshi と Katie　他の登場人物：Satoshi の父親と Katie の姉（妹）
- 行動：① Satoshi は先週末，父親とつりに行った。
  ② Katie は姉（妹）とバドミントンをした。

◇例題◇　放送を聞いて，質問に対する答えとして最も適切なものを，ア～エから１つ選びなさい。（北海道）

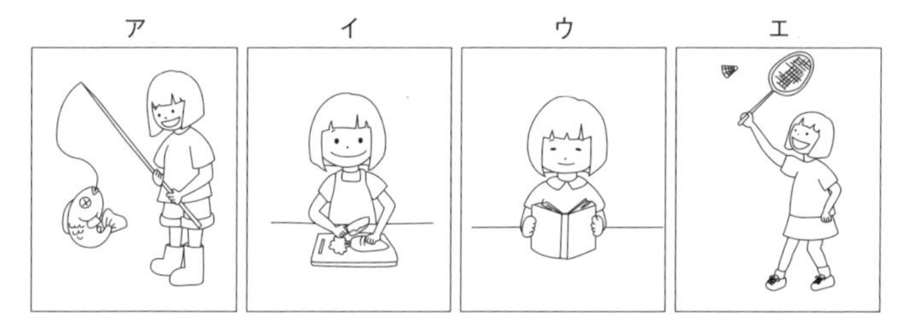

◇解答◇　エ

◆放送文◆

A：　Satoshi, how was your weekend?

B：　It was great! I went fishing with my father. What did you do last weekend, Katie?

A：　I played badminton with my sister.

Question：What did Katie do last weekend?

listen 選択肢には，さまざまな登場人物や行動が出てくることがある。
⇒だれが・いつ・どこで・何をするかを整理しながら聞こう。

1 放送を聞いて，質問に対する答えとして最も適切なものを，ア～エから１つ選びなさい。 （三重県）

ア Marie did.　イ Kenta did.　ウ Erika did.

エ Erika's grandmother did.

（　　）

2 放送を聞いて，質問に対する答えとして最も適切なものを，ア～エから１つ選びなさい。 （岡山県）

ア He will visit his aunt.　イ He will clean the room.

ウ He will go shopping.　エ He will eat lunch.

（　　）

3 放送を聞いて，質問に対する答えとして最も適切なものを，ア～エから１つ選びなさい。 （沖縄県）

（　　）

4 放送を聞いて，質問に対する答えとして最も適切なものを，ア～エから１つ選びなさい。

（宮崎県）

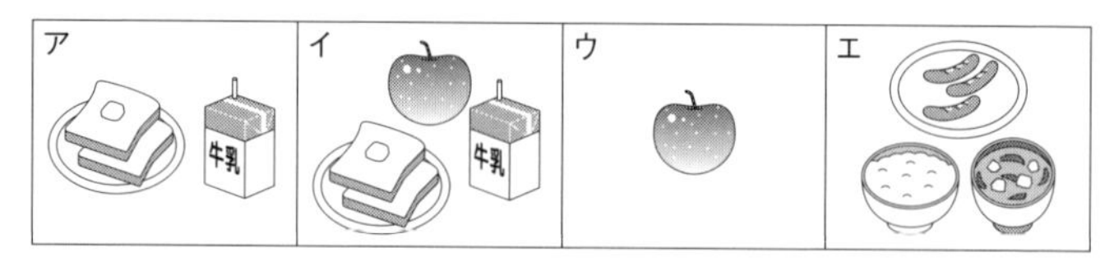

（　　）

5 放送を聞いて，質問に対する答えとして最も適切なものを，ア～エから１つ選びなさい。

（群馬県）

（　　）

6 放送を聞いて，質問に対する答えとして最も適切なものを，ア～エから１つ選びなさい。

（千葉県）

ア　Sam's father and mother.　　イ　Sam and his sister.

ウ　Sam's father and sister.　　エ　Sam and his father.

（　　）

14 理由を聞きとる 近道問題

＼CHIKAMICHI／
ちかみち

選択肢がすべて Because で始まっているので，何かの理由について聞かれるパターン⇒「Why？」「Because」に注意する。

◇例題1◇　放送を聞いて，質問に対する答えとして最も適切なものを，ア～エから1つ選びなさい。（茨城県）

ア　Because she wanted to go shopping.
イ　Because her family went shopping.
ウ　Because the weather was bad.
エ　Because she didn't want to go to the mountain.

◇解答◇　ウ

◆放送文◆

A：　I went shopping with my family last weekend. How about you, Risa?

B：　I wanted to go to the mountain with my family, but we couldn't **because it was raining**.

A：　Uh...then, what did you do?

B：　We stayed home during the weekend.

Question：Why did Risa stay home?

listen **because** や **so** のような接続詞が聞こえてきたら，その前後の話の流れを整理しておこう。

＼CHIKAMICHI／
ちかみち

選択肢が「To ～ (動詞).」の文のとき，行動の理由となる目的が問われていると予測する。
⇒登場人物が，目的について話をしている箇所に注意する。

◇例題2◇　放送を聞いて，質問に対する答えとして最も適切なものを，ア～エから1つ選びなさい。（東京都）

ア　To see Mr. Smith.　　イ　To return a dictionary.
ウ　To borrow a book.　　エ　To help Taro.

◇解答◇　エ

◆放送文◆

Taro:　Hi, Jane. Will you help me with my homework? It's difficult for me.

Jane:　OK, Taro. But I have to go to the teachers' room now. I have to see Mr. Smith to give this dictionary back to him.

Taro:　I see. Then, I'll go to the library. I have a book to return, and I'll borrow a new one for my homework.

Jane:　I'll go there later and help you.

Taro:　Thank you.

Question : Why will Jane go to the library?

listen 放送文には，必ずしも **because** から始まる文があるわけではない。根拠となる事実，考えや希望を述べている箇所に耳をかたむけよう。

1 放送を聞いて，質問に対する答えとして最も適切なものを，ア～エから１つ選びなさい。 （山口県）

ア　Because she practiced hard with her friends.

イ　Because she won the English speech contest.

ウ　Because Alex took part in the English speech contest.

エ　Because Alex studied Japanese with his teacher.

（　　　）

2 放送を聞いて，質問に対する答えとして最も適切なものを，ア～エから１つ選びなさい。 （広島県）

ア　To do volunteer work.　　イ　To meet Ryoma.

ウ　To play baseball.　　エ　To read some books.

（　　　）

3 放送を聞いて，質問に対する答えとして最も適切なものを，ア～エから１つ選びなさい。 （熊本県）

Because（ア　he understands Japanese easily

イ　people use English with him

ウ　people talk to him in Japanese a lot

エ　he has lived in Japan for three years）.

（　　　）

4 放送を聞いて，質問に対する答えとして最も適切なものを，ア～エから１つ選びなさい。（兵庫県）

ア　She will travel with her sister.

イ　She will return home next year.

ウ　She will study math in the U.S.

エ　She will see her sister next month.

（　　　）

5 放送を聞いて，質問に対する答えとして最も適切なものを，ア～エから１つ選びなさい。（東京都）

ア　Because David learned about *ukiyoe* pictures in an art class last weekend.

イ　Because David said some museums in his country had *ukiyoe*.

ウ　Because David didn't see *ukiyoe* in his country.

エ　Because David went to the city art museum in Japan last weekend.

（　　　）

15 要点をまとめる 近道問題

メモやまとめなどの穴埋め部分を見て，キーワードを予測する。

◇例題◇　アニマルパークでYunaとホストファーザーが聞いた開園前のアナウンスが英語で読まれます。次はYunaがアナウンスを聞いた時に書いたメモの一部です。(1)，(2)に答えなさい。（岡山県）

10:00 a.m.	開園
11:00 a.m.	パンダと［①］ことができる
2:00 p.m.	ゾウのえさやりイベント
	＊開始［②］分前集合
5:00 p.m.	閉園

(1)［①］，［②］にそれぞれ適当な日本語や数字を入れなさい。

(2) 次の英文は，アナウンスを聞いた後のホストファーザーとYunaとの会話の一部である。［　　］に適当な英語2語を入れなさい。

Host father：Yuna, do you remember the important thing about the animals in the park?

Yuna：Yes. We must not［　　］we have brought to them.

◇解答◇　(1) ① 写真を撮る　② 10
(2) give food

◆放送文◆

Welcome to our animal park. Before **the park opens at 10:00**, we would like to give you useful information about it. First, **you should take pictures with pandas at 11:00. If you want to give some food to our elephants, please come to the elephants' place. That event will start at 2:00**, but it is very popular, so **please come to the place at 1:50. Our park will close at 5:00**.

Please remember one thing. Don't give food you have brought to our animals. Now have a great time here.

スピーチやラジオ放送などは，**5W1H**を意識しながら聞いて，メモをとる。

1 放送を聞いて，以下の問いに答えなさい。

英語の授業で，高校生のMasashiがスピーチをしているときの英文を聞いて，話の内容に合うように，下の表の(1)～(5)に入る最も適当な日本語または数字を書きなさい。 (三重県)

Masashiが家族と大阪に行った日	8月(1)日
Masashiと家族が大阪に着いた時刻	午前(2)時
Masashiと家族が博物館に行った目的	日本の(3)を学ぶため
Masashiが博物館の中の店で買ったもの	(4)
Masashiと家族が午後に訪れた場所	(5)

(1)(　　　　) (2)(　　　　) (3)(　　　　) (4)(　　　　)
(5)(　　　　)

2 放送を聞いて，以下の問いに答えなさい。

これから読まれる英文は，ニューヨークに住むマイクと理奈との電話での会話です。二人の会話を聞いて，下の［メモ］の空所①～④に適当な数字または日本語を書きなさい。 (長崎県)

［メモ］

○マイクが日本にいる期間：(①　　月　　日)～(②　　月　　日)
○マイクが日本でしたいこと：(③　　曜日)に，父と一緒に(④　　　　)。

①(　　月　　日) ②(　　月　　日) ③(　　曜日)
④(　　　　　　　　)

3 放送を聞いて，以下の問いに答えなさい。

アメリカに留学中のあなたは，週末にボランティア活動に参加して，説明を聞いています。その内容をよく聞いて，次のメモ（MEMO）の（ 1 ）～（ 3 ）に，それぞれ最も適当な語句または数字を書きなさい。ただし，（ 1 ）は2語，（ 2 ）は1語の英語で，（ 3 ）は数字で書きなさい。（福井県）

MEMO　Clean the Beach

First:	work（ 1 ）	・one person will be a leader and get plastic bags
Second:	use different plastic bags	・things we can burn → into（ 2 ）plastic bags ・other things → into black plastic bags
Third:	take a rest	・clean the beach for（ 3 ）minutes and take a rest for 5 minutes

(1)(　　　　) (2)(　　　　) (3)(　　　　)

4 放送を聞いて，以下の問いに答えなさい。

英語の授業で，高校生のNaotoがスピーチをしているときの英文を聞いて，話の内容に合うように，下の表の（ 1 ）～（ 5 ）に入る最も適当な日本語または数字を書きなさい。（三重県）

Naotoがオーストラリアから日本に帰ってきた日	（ 1 ）月25日
Naotoがオーストラリアの高校で勉強した期間	（ 2 ）か月
Naotoが勉強していたオーストラリアの高校の生徒数	約（ 3 ）人
Naotoがオーストラリアの高校で一番好きだった授業	（ 4 ）の授業
Naotoがオーストラリアでときどき放課後に友だちとしたスポーツ	（ 5 ）

(1)(　　　　) (2)(　　　　) (3)(　　　　) (4)(　　　　) (5)(　　　　)

5 放送を聞いて，以下の問いに答えなさい。

放送されるメアリー（Mary）先生の自己紹介を聞いて，次の［メモ］の空所①～③に入る適当な日本語または数字を書きなさい。また，自己紹介の内容に関するあとの［質問］に対する答えを空所④に英語で書きなさい。 （長崎県）

［メモ］

〈メアリー先生について〉
○生まれた国：（ ① ）
○好きなこと：• スポーツをすること
　　　　　　　•（ ② ）
○部活動　　：英語部
　　　　　　　※毎日午後（③ 時 分）に活動開始

［質問］ Why is Mary happy to work in Nagasaki?

答え：（ ④ ）.

①（ ） ②（ ） ③（ 時 分）

④（ ）

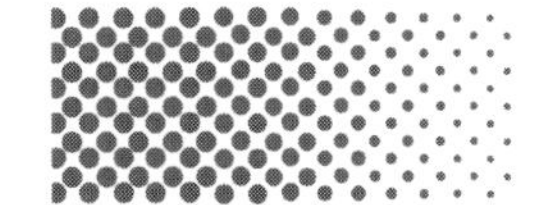

解答・解説

近道問題

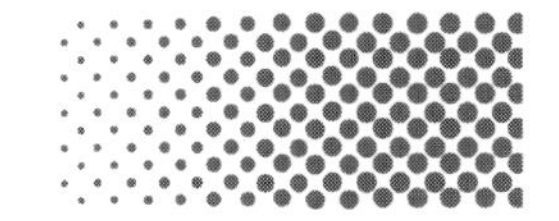

1. 会話表現に慣れる① 〈道案内〉

回 解答 回

1 エ

2 イ

3 ア

◇ 解説・放送台本 ◇

1 go straight to the bank and turn right there =「銀行までまっすぐ行き，そこを右に曲がる」。we will see her house on our left =「左側に彼女の家が見える」。

David： Now we are at Midori Station. Do you know how to get to Ayumi's house?	デイビッド：さあミドリ駅に着きました。アユミの家までの行き方は知っていますか？
Naomi： Yes. We will **go straight to the bank and turn right there**. Then we will walk along the street. And then **we will see her house on our left**.	ナオミ　：はい。銀行までまっすぐ行き，そこを右に曲がります。そしてその通りに沿って歩きます。すると左側に彼女の家が見えます。
David： Shall we buy some fruit for her? There is a nice shop in front of the supermarket.	デイビッド：彼女のために果物を買っていきましょうか？　スーパーマーケットの前に素敵な店がありますよ。
Naomi： All right.	ナオミ　：わかりました。
Question：Where is Ayumi's house?	質問：アユミの家はどこですか？

2 straight =「まっすぐに」。turn =「曲がる」。next to ～=「～の隣に」。

Linda： Can you tell me the way to the flower shop from our school?	リンダ：学校から花屋までの道を教えてくれない？
Hiroto： OK. First, you will see the park on your left, but **keep walking straight**.	寛人　：いいよ。最初に，左手に公園が見えるんだけど，ずっとまっすぐ歩いてね。
Linda： And then?	リンダ：それから？
Hiroto： When you see the convenience store on your right, **turn left**. The first store you see on your right is the bookstore. The flower shop is **next to** it.	寛人　：右手にコンビニエンスストアが見えたら，左に曲がって。最初に右手に見える店は本屋なんだ。花屋はその隣だよ。
Linda： Thank you.	リンダ：ありがとう。
Question：Where is the flower shop?	質問：花屋はどこですか？

3 まっすぐ行って公園のところで左に曲がる。そのあとまっすぐ行き，郵便局のところを右に曲がると，左手に図書館がある。

A： Excuse me, I want to go to the library. Do you know where it is?	A：すみません，図書館へ行きたいのですが。あなたはそれがどこにあるか知っていますか？
B： Yes. **Go straight, and turn left when you see the park on your right**.	B：はい。まっすぐ行って，右側に公園が見えたら左に曲がってください。
A： OK.	A：わかりました。
B： Then, **go straight and turn right at the post office**.	B：そのあと，まっすぐ行って，郵便局のところで右に曲がってください。
A： **Turn right at the post office**?	A：郵便局のところで右に曲がるのですね？
B： That's right. **You'll see the library on your left**.	B：そうです。左手に図書館が見えます。
A： Thank you.	A：ありがとうございます。
Question：Which is the library?	質問：図書館はどれですか？

2．会話表現に慣れる②〈電話〉

回 解答 回

1 ウ

2 エ

3 エ

◇ 解説・放送台本 ◇

1 ベッキーは3時にジムと会う予定だったが，待ち合わせ場所に着くのは3時10分ごろになると言っている。

A： Hello, Jim? This is Becky speaking.	A：もしもし，ジム？ こちらはベッキーよ。
B： Hi. I'm at the museum now. **We will meet here at three, right**?	B：やあ。僕は今博物館にいるよ。僕たちは3時にここで会うんだよね？
A： I'm sorry. I'm coming, but **I will get there at about three ten**.	A：ごめんなさい。今向かっているんだけど，3時10分ごろにそこに着くわ。
B： OK. Thank you for calling. See you soon.	B：わかった。電話をありがとう。すぐに会おうね。
Question：What is Becky's problem?	質問：ベッキーの問題は何ですか？

2 アヤカの “Could you tell her to call me back after 2 p.m.?” というせりふに対して，スミスさんが “Sure.” と答えている。スミスさんはメグに，午後2時以降にアヤカに電話をかけるよう伝える。

A：　Hello?	A：もしもし？
B：　Hello, Mr. Smith.　This is Ayaka Suzuki. May I speak to Meg?	B：こんにちは，スミスさん。スズキアヤカです。メグと話せますか？
A：　I'm sorry. She's not at home now. Would you like to leave a message?	A：すみません。今は家にいません。伝言を聞いておきましょうか？
B：　Yes, please. **Could you tell her to call me back after 2 p.m.**? We have to talk about our friend's birthday party.	B：はい，お願いします。午後2時以降に私に折り返し電話をかけるように伝えていただけますか？　友人の誕生日パーティーのことで話をしなければならないのです。
A：　Sure. Is that all?	A：わかりました。それだけでいいですか？
B：　Yes. Thank you, Mr. Smith.	B：はい。ありがとうございます，スミスさん。
A：　You're welcome.	A：どういたしまして。
Question：What will Mr. Smith do when Meg comes back?	質問：メグが帰ってきたらスミスさんはどうするでしょうか？

3 ask A to ～＝「A に～するように頼む」。ケンは質問があるので，ボブに数学のノートを持ってきてほしいと思っている。

Bob's mother：　Hello?	ボブの母親：もしもし？
Ken　：　Hello. This is Ken. Can I speak to Bob, please?	ケン　：もしもし。ケンです。ボブと話せますか？
Bob's mother：　Hi, Ken.　I'm sorry, he is out now. Do you want him to call you later?	ボブの母親：こんにちは，ケン。ごめんなさい，今彼は外出中です。あとであなたに電話をかけさせましょうか？
Ken　：　Thank you, but I have to go out now. Can I leave a message?	ケン　：ありがとうございます，でも今から僕は外出しなければなりません。伝言をお願いしてもいいですか？
Bob's mother：　Sure.	ボブの母親：いいですよ。
Ken　：　Tomorrow we are going to do our homework at my house. **Could you ask him to bring his math notebook**? I have some questions to ask him.	ケン　：明日，僕たちは僕の家で一緒に宿題をする予定です。彼に数学のノートを持ってくるように頼んでいただけますか？　彼に聞きたい質問がいくつかあるのです。
Bob's mother：　OK, I will.	ボブの母親：わかりました，伝えておきます。
Ken　：　Thank you.	ケン　：ありがとうございます。
Bob's mother：　You're welcome.	ボブの母親：どういたしまして。
Question：What does Ken want Bob to do?	質問：ケンはボブに何をしてほしいのですか？

3．会話表現に慣れる③〈買い物〉

回 解答 回

1 ア

2 エ

3 ウ

4 ア

◇ 解説・放送台本 ◇

1 ほしかった色のかばんがないと言われたあとなので，アの「それでは他の色はありますか？」が適切。

A： May I help you? Are you looking for a bag?	A：いらっしゃいませ。かばんを探していらっしゃるのですか？
B： Yes, I like this bag, but **do you have a brown one**?	B：はい，私はこのかばんが気に入っていますが，茶色のはありますか？
A： Sorry. **We don't have that color** right now.	A：すみません。ただ今その色はございません。

2 男性はサンドイッチとスープとサラダを注文している。

Clerk： May I help you?	店員：お伺いしましょうか？
Man ： Yes. **Can I have a sandwich and a cup of soup**?	男性：はい。サンドイッチとスープをもらえますか？
Clerk： Sure. Do you want anything else?	店員：かしこまりました。何か他にいかがですか？
Man ： Let's see. **I'll have a salad, too**.	男性：そうですね。サラダももらいます。
Question：What is the man going to have?	質問：男性は何を食べるつもりですか？

3 男性は，1枚1,000円のTシャツを白色と黒色の2枚買うと言っている。

Woman： Hello. May I help you?	女性：こんにちは。おうかがいしましょうか？
Man ： Yes, please. I like this black T-shirt. But do you have a white one?	男性：はい，お願いします。私はこの黒いTシャツが気に入っています。しかし，白いのはありますか？
Woman： Yes. Here you are.	女性：あります。はいどうぞ。
Man ： Thank you. Both are cool! I can't decide which one to buy.	男性：ありがとう。両方ともかっこいいですね！ どちらを買うべきか決められません。
Woman： T-shirts were 1,500 yen last week, but **now each T-shirt is 1,000 yen**.	女性：Tシャツは先週1,500円でしたが，今はそれぞれのTシャツが1,000円です。

Man : That's great! **I'll take these two**. Question : How much money will the man use in this store?	男性：それはすばらしい！ この二つをもらいます。 質問：男性はこの店でいくら使いますか？

4 女の子はどの写真を買うか？→女の子は 3,000 円以下で，いくつかの種類の花が写っている写真を買うつもりである。

Man : May I help you?	男性：何かご用はございますか？
Woman : Yes, please. I want to buy a picture. **I have 3,000 yen**.	女性：はい，お願いします。私は写真を買いたいと思っています。3,000 円持っています。
Man : Is it a present?	男性：それはプレゼントですか？
Woman : Yes. It's a present for my mother.	女性：はい。母へのプレゼントです。
Man : OK. I'll show you some pictures. How about this? It's a picture of cats.	男性：わかりました。何枚かの写真をお見せします。これはいかがですか？ ネコの写真です。
Woman : How cute! I like it, but my mother likes flowers, so I think she'll like that one.	女性：すごくかわいいですね！ 私はそれが好きですが，母は花が好きなので，彼女はあちらの写真を気に入ると思います。
Man : I'm sorry. That's more than 3,000 yen, but look at these two pictures. They're pictures of flowers, too.	男性：申し訳ございません。それは 3,000 円以上しますが，これらの 2 枚の写真を見てください。それらも花の写真です。
Woman : Oh, they're nice. **In this picture, there are several kinds of flowers**. I think she'll like it. OK. **I'll take it**.	女性：ああ，すてきですね。この写真にはいくつかの種類の花があります。彼女はそれを気に入ると思います。わかりました。それをいただきます。
Question : Which picture will the girl buy?	質問：女の子はどの写真を買うつもりですか？

4．会話表現に慣れる④〈誘い，予定の相談・約束〉

回 解答 回

1 エ

2 ア

3 エ

4 ア

◇ 解説・放送台本 ◇

1 2 人は午前 8 時 30 分に出る列車に乗る。女性はサクラ駅まで 20 分かかると言っている。

M: What time shall we meet at Hinata station to go to the zoo?	男性：動物園に行くためにぼくたちは何時にヒナタ駅で会おうか？
F: How about 8:15 a.m.? We can take the train that leaves at 8:30 a.m.	女性：午前8時15分はどう？　午前8時30分に出る列車に乗ることができるわ。
M: OK. **How long does it take from Hinata station to Sakura station near the zoo**?	男性：わかった。ヒナタ駅から動物園の近くのサクラ駅までどれくらい時間がかかるの？
F: Well, **it takes 20 minutes to get there**.	女性：そうね，そこに着くのに20分かかるわ。
Question：What time does the train get to Sakura station?	質問：列車は何時にサクラ駅に着きますか？

2 二人は市立美術館へ絵画を見に行く相談をしている。Shall we ～?=「～しませんか？」。Yes, let's.=「はい，しましょう」。

A: Lisa, do you like paintings by Picasso?	A：リサ，ピカソの絵は好きですか？
B: Yes. Why do you ask?	B：はい。どうして聞くのですか？
A: We can see his paintings from France in the City Museum. **Shall we go tomorrow**?	A：市立美術館でフランスからやってきた彼の絵画を見ることができるのです。明日行きましょうか？
B: **Yes, let's**.	B：はい，行きましょう。
Question：What are the two people talking about?	質問：二人は何について話しているのですか？

3 ジェームスは「1時に家を出る」と言い，2人はその1時間あとに会える。

Mary : Why don't we go to the library to do our science homework tomorrow, James?	メアリー　：ジェームス，明日理科の宿題をしに図書館に行かない？
James : Yes, Mary. We have to finish our homework for the lesson next week.	ジェームス：うん，メアリー。僕たちは来週の授業のための宿題を終わらせないといけないね。
Mary : Can we meet in front of the library at eleven o'clock?	メアリー　：11時に図書館の前で会える？
James : Sorry, I have to help my sister with her homework until noon. So **I'll leave my house at one o'clock**.	ジェームス：ごめん，僕は正午まで妹の宿題を手伝わなければならないんだ。だから，1時に家を出るよ。
Mary : **Can we meet an hour later**?	メアリー　：1時間あとには会えるわね？
James : OK.	ジェームス：大丈夫だよ。
Question：What time can they meet?	質問：彼らは何時に会えますか？

4 ポールは，駅の近くの新しいハンバーガーショップにメアリーを誘った。

Paul : Hi, Mary. **I want to go to the new hamburger shop near the station with you**. Are you free this weekend?	ポール　：やあ，メアリー。きみと駅の近くの新しいハンバーガーショップに行きたいな。今週末ひま？
Mary : I'm sorry, Paul, but I can't. I'm going to go shopping with my friend, Laura, at the department store.	メアリー：悪いけど，ポール，行けないわ。デパートで友だちのローラと買い物をする予定なの。
Paul : OK. I'll ask Tom. Do you know where he is?	ポール　：わかったよ。トムにきいてみるよ。彼がどこにいるか知っている？
Mary : I saw him at the library.	メアリー：図書館で彼を見たわ。
Paul : Thank you. I'll go there to find him.	ポール　：ありがとう。彼を見つけにそこに行ってみるよ。
Question : Where did Paul want to go with Mary?	質問：ポールはメアリーとどこに行きたかったのですか？

5．天気を理解する

回 解答 回

1 エ

2 ウ

3 エ

4 エ

5 (1) ウ　(2) エ　(3) イ

◇ 解説・放送台本 ◇

1 ピーターがI have a soccer game tomorrow morningと言い，ヨウコがThe news says it'll be cloudy in the morningと言っている。ピーターがサッカーをするときは曇りになりそうである。

A : Peter, it's raining outside.	A：ピーター，外は雨よ。
B : Oh, **I have a soccer game tomorrow morning**, Yoko. Do you know **how the weather will be tomorrow**?	B：ああ，明日の朝はサッカーの試合があるんだよ，ヨウコ。明日は天気がどうなるか知っている？
A : The news says **it'll be cloudy in the morning and sunny in the afternoon**.	A：ニュースでは午前中は曇りで午後は晴れると言っているわ。
B : Good. I hope you'll come and see my game.	B：よかった。君も僕の試合を見に来てくれるといいな。

Question：How will the weather be when Peter has his soccer game?	質問：ピーターがサッカーの試合をするときの天気はどのようになりそうですか？

2 午後の天気について，男性は The weather news says it will be cloudy, not rainy, in the afternoon.と言っている。

Woman： Oh, it's raining!	女性：ああ，雨が降っているわ！
Man　： Yes.	男性：そうだね。
Woman： It's cold, too. I think it will be snowy. Will the rain stop?	女性：それに寒いわ。雪になると思う。雨はやむかしら？
Man　： I think it will. The weather news says **it will be cloudy, not rainy, in the afternoon**.	男性：やむと思うよ。天気予報では，午後は雨でなく，くもりになると言っているよ。
Woman： Oh, really? I hope so.	女性：まあ，本当に？　そうだといいわね。
Man　： Don't worry. Let's enjoy playing tennis.	男性：心配しないで。テニスをするのを楽しもう。
Question：What does the weather news say about the weather for the afternoon?	質問：午後の天気について，天気予報は何と言っていますか？

3「午前中は曇りで雨が降り始めるだろう」，「正午までには雨がやんで午後には晴れるだろう」と言っている。

A： **How will the weather be tomorrow?**	A：明日の天気はどうでしょうか？
B： **It'll be cloudy and start to rain in the morning.**	B：午前中は曇りで雨が降り始めるでしょう。
A： That's too bad. I am going to go fishing after lunch.	A：それは残念です。私は昼食後に釣りに行くつもりです。
B： Don't worry. **It'll stop raining by noon and be sunny in the afternoon.**	B：心配しないでください。正午までに雨がやんで午後には晴れるでしょう。
Question：How will the weather be tomorrow?	質問：明日の天気はどうでしょうか？

4 明日は晴れていて，風は強くなく，暖かい。明後日は雨は降らないが，風が強くて，寒くなる。

This is Radio Chiba. Here's the weather. Spring will come just for a day. **It will be the warmest day of the month tomorrow. It's going to be sunny all day and the wind will not be strong. But the day after tomorrow, it's going to be cold**	こちらはラジオ千葉です。天気をお知らせします。1日だけ春が訪れるでしょう。明日は今月で最も暖かくなるでしょう。1日中晴れて，風は強くないでしょう。しかし，明後日は，再び寒くなります。この寒い天気は次の3，4日間続くでしょう。明後日は雨にはなりませんが，風は強くなります。

again. This cold weather will continue for the next three or four days. **It's not going to be rainy, but the wind will be strong the day after tomorrow**.	
Question：How will the weather be tomorrow and the day after tomorrow?	質問：明日と明後日の天気はどうなりますか？

5 (1) 今日は何月何日か？→「今日は9月13日の木曜日です」と話している。
(2) 今日の天気はどうか？→午前中は雨だが正午前にやみ，午後は晴れる。
(3) 昨日の最高気温は何度か？→今日の最高気温は33度で，昨日より5度高いと話している。

Good morning. Welcome to the Weather Forecast. **Today is Thursday, September 13th**. Let's look at the weather in Hinata Town. **It will be rainy in the morning**. But **the rain will stop just before noon. It will be sunny in the afternoon. The highest temperature will be 33 degrees Celsius**. The lowest will be 25 degrees Celsius. It's going to be hot today. In this season, there are many people who suffer because of the heat. **The highest temperature will be 5 degrees warmer than yesterday**. So you shouldn't stay outside for a long time. You need to drink enough water for your health. Have a nice day!	おはようございます。天気予報へようこそ。今日は9月13日の木曜日です。ヒナタ町の天気を見てみましょう。午前中は雨が降るでしょう。しかし，雨は正午少し前にやみます。午後には晴れるでしょう。最高気温は33度になるでしょう。最低気温は25度になります。今日は暑くなるでしょう。この季節には，暑さで苦しむ多くの人々がいます。最高気温は昨日より5度高くなります。ですから，長い時間外にいないようにしてください。健康のために十分水分を摂る必要があります。よい1日を！
Question (1)：What is the date today? Question (2)：How is the weather today? Question (3)：What was the highest temperature yesterday?	質問(1)：今日は何月何日ですか。 質問(2)：今日の天気はどうですか。 質問(3)：昨日の最高気温は何度でしたか。

6．日付・時間・曜日を聞きとる

解答

1 ウ
2 エ
3 ウ

4 エ

5 ウ

6 ウ

◇ **解説・放送台本** ◇

1 現在の時刻は2時30分。「映画まであと1時間ある」という言葉から，映画の開始時刻は3時30分であることがわかる。

A： What time is it?	A：今，何時ですか？
B： **It's 2:30**.	B：2時30分です。
A： **We have one hour before the movie**.	A：映画まであと1時間あります。
B： Let's have tea, then.	B：では，お茶を飲みましょう。
Question：What time will the movie start?	質問：映画は何時に始まりますか？

2 会話が行われているのは7月12日。リンダが夏祭りの日程を勘違いしていて，寛人が来週の金曜日から日曜日だと訂正している。

Linda ： What's the date today, Hiroto?	リンダ：寛人，今日は何月何日だっけ？
Hiroto： **July 12th**. Why?	寛人 ：7月12日だよ。どうして？
Linda ： There will be a summer festival in our city this weekend, right?	リンダ：今週末，私たちの町で夏祭りがあるわよね？
Hiroto： No. **The summer festival will be next week, from Friday to Sunday**.	寛人 ：ちがうよ。夏祭りは来週の金曜日から日曜日だよ。
Linda ： Oh, I see. Let's go together.	リンダ：ああ，そうだったわね。一緒に行きましょうよ。
Question：When will the summer festival begin?	質問：夏祭りはいつ始まりますか？

3 男性に11時30分出発の電車に乗ることをすすめられ，女性は「私たちはその電車に乗ります」と言っている。

Woman： Excuse me. I'd like to go to Minami Station. What time will the next train leave?	女性：すみません。私はミナミ駅に行きたいと思っています。次の電車は何時に出発しますか？
Man ： Well, it's eleven o'clock. The next train will leave at eleven fifteen.	男性：ええと，今11時ですね。次の電車は11時15分に出発します。
Woman： My mother hasn't come yet. I think she will get here at about eleven twenty.	女性：私の母がまだ来ていません。彼女は11時20分頃ここに着くと思います。

Man : OK. Then **you can take a train leaving at eleven thirty**. You will arrive at Minami Station at eleven fifty-five.	男性：わかりました。では，あなたたちは11時30分に出発する電車に乗ることができます。ミナミ駅には11時55分に到着します。
Woman : Thank you. We'll take that train.	女性：ありがとうございます。私たちはその電車に乗ります。
Question : When will the woman take a train?	質問：女性はいつ電車に乗るつもりですか？

4 メグは「宿題をする時間が十分にあるから，日曜日に家でそれをする」と言っている。

A : Emma, when should I finish my homework?	A：エマ，私はいつ宿題を終えればいいの？
B : You have to give it to your teacher next Tuesday morning, Meg.	B：あなたは次の火曜日の朝にそれを先生に提出しなければならないのよ，メグ。
A : **I will try it at home on Sunday** because I will have enough time for that.	A：宿題をする時間が十分にあるから，私は日曜日に家でそれをするわ。
B : Good. If you have a question, you can ask someone at school on Monday.	B：いいわ。もし質問があれば，月曜日に学校で誰かに聞くといいわ。
Question : When will Meg do her homework at home?	質問：メグはいつ家で宿題をするつもりですか？

5 メアリーの姉（妹）の誕生日は，ポールの誕生日である12月23日の1週間前。

Paul : When is your birthday, Mary?	ポール　：きみの誕生日はいつ，メアリー？
Mary : It's March 24th. How about yours, Paul?	メアリー：3月24日よ。あなたのは，ポール？
Paul : It's December 23rd.	ポール　：12月23日だよ。
Mary : Wow, my sister's birthday is in the same month.	メアリー：まあ，姉（妹）の誕生日も同じ月よ。
Paul : Really? When is it?	ポール　：本当？　いつなの？
Mary : **It's one week before your birthday**.	メアリー：あなたの誕生日の1週間前ね。
Question : When is Mary's sister's birthday?	質問：メアリーの姉（妹）の誕生日はいつですか？

6 コンサートは何時に終わる予定か？→トムがコンサートは1時に始まり，2時間の長さであると説明している。

Tom : Mary, **there will be a concert in the stadium at one o'clock tomorrow**. Do you want to go with me?	トム　　：メアリー，明日1時から競技場でコンサートがあるんだ。ぼくと一緒に行きたいかい？

Mary： Well, I want to go, but I have to arrive home before five o'clock. **How long is the concert**?	メアリー：そうね，行きたいけれど，5時前には家へ着かなければならないの。コンサートはどれくらいの長さなの？
Tom ： **It's two hours long**. It takes one hour from the stadium to our houses by bus. So we can arrive home before five o'clock.	トム　：2時間だよ。バスで競技場からぼくたちの家まで1時間かかる。だから，ぼくたちは5時前に家に着くことができるね。
Mary： That's great, Tom.	メアリー：それならちょうどいいわね，トム。
Question：What time will the concert finish?	質問：コンサートは何時に終わりますか？

7．期間・回数を聞きとる

◎ 解答 ◎

1 エ

2 ウ

3 (1) イ　(2) エ

◇ 解説・放送台本 ◇

1 女性の発言の you can borrow them for four weeks.を聞き取る。本は4週間借りることができる。

Man ： Excuse me, I want to borrow these five books. I can keep them for two weeks, right?	男性：すみません，これらの5冊の本を借りたいのですが。本は2週間持っていてもよいですよね？
Woman： Well, this library will be closed for two weeks from this weekend, so **you can borrow them for four weeks**. Also, you can borrow ten books today.	女性：ええっと，この図書館は今週末から2週間閉鎖されますので，4週間借りられますよ。また，今日は10冊借りることができますよ。
Man ： OK. But I'll borrow only these five books. Thank you.	男性：わかりました。でもこれらの5冊だけ借ります。ありがとうございました。
Question：How long can the man borrow the books today?	質問：今日その男性はどのくらいの期間本を借りることができますか？

2「家族と沖縄で3日間過ごした」と言っている。

A： Hi, Sophia. How was your spring vacation?	A：こんにちは，ソフィア。春休みはどうだった？

B： It was great. **I spent three days in Okinawa with my family**. On the first day, I swam in the sea, and I enjoyed shopping for the next two days.	B：楽しかったわ。私は家族と沖縄で3日間過ごしたの。初日は，私は海で泳いで，次の2日間は買い物を楽しんだわ。
A： That sounds good.	A：おもしろそうだね。
B： We wanted to stay there for five days, but we couldn't. My father was too busy.	B：私たちは5日間そこに滞在したかったんだけれど，できなかったの。私の父がとても忙しかったから。
Question：How long did Sophia stay in Okinawa?	質問：ソフィアは沖縄でどのくらい滞在したのですか？

3 (1)「初めて北海道に行った」と言っている。
(2) 全員が午前中にスキーを楽しんだが，午後に父親だけがもう1度スキーをしに行った。

This weekend was the first time I have been to Hokkaido. I have been to other places in Japan many times, but I have never had the chance to visit it. We arrived on Friday evening and went straight to the ski resort. We woke up, ate breakfast and enjoyed skiing in the morning. In the afternoon my sister and mother went to a hot spring, my father went skiing again and I stayed in the hotel and watched a movie. It was too bad we had to leave the next day because my father had to go back to work.	今週末，私は初めて北海道に行きました。日本の他の場所には何回も行ったことがあるのですが，北海道を訪れる機会は1度もありませんでした。私たちは金曜日の夜に到着し，まっすぐスキーリゾートに向かいました。私たちは起きて朝食を食べ，午前中スキーをして楽しみました。午後は姉と母が温泉に行き，父はもう1度スキーに行き，私はホテルに残って映画を見ました。父が仕事に戻らなければならなかったため，翌日には去らなければならなかったことがとても残念でした。
Question (1)：How many times has he been to Hokkaido?	質問(1)：彼は何回北海道に行ったことがありますか？
Question (2)：Who skied the most?	質問(2)：一番多くスキーをしたのは誰ですか？

8. 位置を示す語句を聞きとる

回 **解答** 回

1 エ

2 エ

3 エ

◇ **解説・放送台本** ◇

1 ケンの時計はイスの上にあるバッグの上にある。

A： Oh, no! Where is my watch?	A：ああ，困った！ 僕の時計はどこにありますか？
B： Ken, did you look on your desk? Or it may be under the desk.	B：ケン，机の上は見ましたか？ あるいは机の下にあるかもしれません。
A： I looked around my desk, but it was not there.	A：机のあたりは見たんだけれど，そこにはありませんでした。
B： Oh, look. **It's on your bag on the chair.**	B：ああ，見てください。イスの上にあるバッグの上にあります。
Question：Where is Ken's watch?	質問：ケンの時計はどこにありますか？

2 ニックの腕時計はサッカーボールのそばにあった。

A： What are you doing, Nick?	A：あなたは何をしているの，ニック？
B： Hi, Mom. I'm looking for my watch. Have you seen it?	B：やあ，お母さん。ぼくは腕時計を探しているんだよ。それを見た？
A： No. Where did you put it last night?	A：いいえ。あなたはそれを昨夜どこに置いたの？
B： I think I put it on the table, but there isn't anything on the table.	B：ぼくはテーブルの上に置いたと思うけど，テーブルの上には何もないんだよ。
A： Did you look under the chairs?	A：あなたは椅子の下を見た？
B： Yes, but I couldn't find it there. And I couldn't find it in my bag.	B：うん，でもぼくはそれをそこで見つけられなかったんだ。それにかばんの中にもそれを見つけることができなかったよ。
A： Let me see. Oh, look! **There is something by the soccer ball.**	A：そうね，ああ，見て！ サッカーボールのそばに何かあるわ。
B： Really? That's my watch! Thank you.	B：本当？ あれはぼくの腕時計だ！ ありがとう。
Question：Where has Nick found his watch?	質問：ニックは腕時計をどこで見つけましたか？

3 ピーターは机の上にノートがあると思うと言ったが，母親はベッドの上でそれを見つけた。

Man ： Hi, Mom.	男性：やあ，お母さん。
Woman： What's up, Peter?	女性：どうしたの，ピーター？
Man ： May I ask you a favor? I'm studying with Ben at the library, but I forgot to bring my math notebook. Could you bring it to me?	男性：お願いがあるんだけど？ 図書館でベンと勉強をしているけど，数学のノートを持ってくるのを忘れたんだ。それを持ってきてくれる？
Woman： Sure. I can bring it to you on the way to the supermarket.	女性：いいわよ。スーパーに行く途中に持って行くわ。

Man : Thank you, Mom. Please go to my room and find my notebook. I think it's on my desk.	男性：ありがとう，お母さん。ぼくの部屋に行ってノートを探してよ。机の上にあると思う。
Woman : OK. Now I'm in your room, but I can't find it on your desk. It's not under the desk, either. Oh, **it's on your bed**.	女性：わかったわ。今あなたの部屋にいるんだけど，机の上には見つからないわ。机の下にも見つからないし。あら，ベッドに上にあるわ。
Man : Really? Thank you. Well, could you bring the cap on the wall, too? It's Ben's. He left it in my room yesterday.	男性：本当？　ありがとう。ええと，壁にある帽子も持ってきてくれない？　ベンのなんだ。昨日ぼくの部屋に置き忘れたから。
Woman : Sure. I'll get to the library in ten minutes. Wait in front of the library.	女性：もちろんよ。10分で図書館に着くわ。図書館の前で待っていて。
Question : Where did the woman find the math notebook?	質問：どこで女性は数学のノートを見つけましたか？

9. 人物のいる場所を判断する

回 解答 回

1 ウ

2 ア

3 ア

4 (1) イ　(2) ウ

◇ 解説・放送台本 ◇

1 腕時計を買いに来た客と店員との会話。

A : Hello. May I help you?	A：こんにちは。ご用でしょうか？
B : Yes, **I want to buy a watch**.	B：はい，腕時計が買いたいのです。
A : How about this? This new one is very popular.	A：これはいかがですか？　この新しい腕時計はとても人気があります。
B : It looks good. I'll take it.	B：それは良さそうですね。それをいただきます。
Question : Where are they talking?	質問：彼らはどこで話しているのですか？

2 ユミが「私たちはこのビルの最上階にいます」と話している。

Yumi : David, **we are on the highest floor of this building**. The view from here is beautiful.	ユミ：デイビッド，私たちはこのビルの最上階にいるわ。ここからの景色は美しいわね。
David : I can see some temples, Yumi.	デイビッド：いくつかの寺院が見えるよ，ユミ。

Yumi：Look! We can see our school over there.	ユミ　：見て！　向こうに私たちの学校が見えるわ。
David：Where?	デイビッド：どこ？
Yumi：Can you see that park? It's by the park.	ユミ　：あの公園が見える？　学校は公園のそばよ。
David：Oh, I see it. This is a very nice view.	デイビッド：ああ，見えるよ。これはとても素敵な景色だ。
Yumi：I'm glad you like it. It's almost noon. Let's go down to the seventh floor. There are nice restaurants there.	ユミ　：あなたが気に入ってくれてうれしいわ。そろそろ正午ね。7階に下りましょう。そこに素敵なレストランがあるの。
Question：Where are Yumi and David talking?	質問：ユミとデイビッドはどこで話していますか？

3 彼女たちは山に行き，お寺を訪れ，そこで昼食を食べた。

Yesterday I enjoyed walking in my town with my friend from London. First, **we went to the mountain to visit Nansouji Temple**. My friend loves traditional Japanese things. **We had lunch there**. Then, we went to Nanohana Park to see the beautiful flowers. After that, we went back to the station. Next week, we will watch a soccer game at the stadium.	昨日，私はロンドンから来た友人と一緒に町の中を歩いて楽しみました。まず，私たちはなんそう寺を訪れるため山に行きました。私の友人は日本の伝統的なものが大好きです。私たちはそこで昼食を食べました。それから，私たちはきれいな花を見るために，なのはな公園に行きました。そのあと，私たちは駅に戻りました。来週，私たちはスタジアムでサッカーの試合を見る予定です。
Question：Where did they eat lunch?	質問：彼女たちはどこで昼食を食べましたか？

4 (1) トムのお母さんが，He's still in his room.と言っている。

(2) ケンタロウは，彼に会って謝りたいと言っている。

Mother：Hello.	母　：もしもし。
Kentaro：Hello. This is Kentaro. Is that Tom's mother speaking?	ケンタロウ：もしもし。ケンタロウです。トムのお母さんですか？
Mother：Yes.	母　：ええ。
Kentaro：Is Tom at home?	ケンタロウ：トムは家にいますか？
Mother：Yes, but.... When he came home, he didn't say anything and went to his room. He looked different. Do you know what happened?	母　：ええ，でも…。帰宅したとき，何も言わずに部屋に行ったのよ。いつもと違う様子だったわ。何があったか知ってる？

Kentaro： Ah.... Today, we had a plan to see a movie, but I was late. When I arrived at the cinema, I couldn't find him. I thought he went back home because he got angry.	ケンタロウ：あの…。今日ぼくたちは映画を見る予定でしたが，ぼくが遅刻したんです。ぼくが映画館に着いたとき，彼を見つけることはできませんでした。ぼくは，彼が怒ったので，家に帰ったのだと思いました。
Mother： Now I see what happened. **He's still in his room**.	母：やっと何があったかわかったわ。彼はまだ自分の部屋にいるわ。
Kentaro： **I want to meet him and say sorry**. Can I visit him?	ケンタロウ：ぼくは彼に会って，ごめんなさいと言いたいんです。彼を訪ねてもいいですか？
Mother： Of course. I think he wants to see you too.	母：もちろんよ。彼もあなたに会いたがっていると思うわ。
Kentaro： Thank you. I'll be there soon.	ケンタロウ：ありがとうございます。すぐにそちらに行きます。
Mother： OK. I'll tell him. Good bye.	母：わかったわ。彼に伝えるわね。じゃあ。
Question (1)：Where was Tom when Kentaro called?	質問(1)：ケンタロウが電話をしたとき，トムはどこにいましたか？
Question (2)：What does Kentaro want to do?	質問(2)：ケンタロウは何をしたいと思っていますか？

10. 比較の情報を整理する

回 **解答** 回

1 ウ

2 エ

3 イ

4 ウ

◇ **解説・放送台本** ◇

1 パットが一番背が高く，メグとトムは同じくらいの背で，ジムは一番背が低い。

Jim, Pat, Meg and Tom are classmates. Pat is the tallest of the four. Meg is as tall as Tom. Jim is not taller than Meg, and he is the shortest of the four.	ジム，パット，メグ，トムはクラスメイトです。パットは四人の中で最も背が高いです。メグはトムと同じくらいの背の高さです。ジムはメグほど背が高くなく，四人の中で最も背が低いです。

2「冬は一番人気がある」，「春と夏とでは春の方が人気がある」，「春は秋と同じくらいの人気だ」という条件に合うものを選ぶ。

A： Which season do you like the best, Yoko?	A：ヨウコ，あなたはどの季節が一番好きですか？
B： I like spring the best. But **winter is the most popular in my class**.	B：春が一番好きです。でも私のクラスでは冬が一番人気があります。
A： Really? **Which is more popular in your class, spring or summer?**	A：本当ですか？　あなたのクラスでは春と夏とではどちらの方が人気がありますか？
B： **Spring is**. And **spring is as popular as fall in my class**.	B：春です。そして私のクラスでは春が秋と同じくらいの人気です。
Question：Which is Yoko's class?	質問：ヨウコのクラスはどれですか？

3 アヤカが「サッカーがバスケットボールより人気があり，野球がサッカーより人気がある」と言っている。

A： What sport do you like the best, Mr. Jones?	A：何のスポーツが一番好きですか，ジョーンズ先生？
B： I like soccer the best. What's your favorite sport, Ayaka?	B：サッカーが一番好きです。あなたの大好きなスポーツは何ですか，アヤカ？
A： I like basketball the best. But **in my class, soccer is more popular than basketball**.	A：私はバスケットボールが一番好きです。でも私のクラスでは，サッカーがバスケットボールより人気があるんです。
B： I see. Is soccer the most popular sport in your class?	B：なるほど。あなたのクラスではサッカーが一番人気のあるスポーツなんですか？
A： No. Look at this graph, Mr. Jones. **Baseball is more popular than soccer in my class**.	A：いいえ。このグラフを見てください，ジョーンズ先生。私のクラスでは野球がサッカーよりも人気があります。
Question：Which graph are Ayaka and Mr. Jones looking at?	質問：アヤカとジョーンズ先生はどのグラフを見ていますか？

4 ジョンは弟のボブについて「彼はぼくよりも背が高い」，兄のマイクについて「ボブよりも背が高い」，父親について「彼はぼくよりも背が低いけど，母よりは背が高い」と言っている。

John： Look at this picture, Kate. This is my family. I live with my father, my mother, and two brothers.	ジョン：この写真を見て，ケイト。これはぼくの家族だよ。ぼくは父，母，そして兄弟２人と暮らしているんだ。
Kate： It's a nice picture, John.	ケイト：すてきな写真ね，ジョン。
John： Thank you. This is my younger brother, Bob. He plays basketball.	ジョン：ありがとう。これはぼくの弟のボブだよ。彼はバスケットボールをするんだ。
Kate： You play basketball, too, and you are the tallest in our class, John. Is Bob **as tall as** you?	ケイト：あなたもバスケットボールをするし，私たちのクラスで一番背が高いわね，ジョン。ボブはあなたと同じくらい背が高いの？
John： He is **taller than** I.	ジョン：彼はぼくよりも背が高いんだ。

Kate： I see.	ケイト：なるほど。
John： This is my older brother, Mike. He is the best soccer player in his school and **taller than** Bob.	ジョン：これはぼくの兄のマイクだよ。彼は学校で一番のサッカー選手で，ボブよりも背が高いんだ。
Kate： All of you are very tall. How about your father?	ケイト：あなたたちはみんなとても背が高いのね。お父さんはどうなの？
John： He is **shorter than** I but **taller than** my mother.	ジョン：彼はぼくよりも背が低いけど，母よりは背が高いよ。
Question：Who is the tallest in John's family?	質問：ジョンの家族の中で，だれが一番背が高いですか？

11．数値を聞きとる

回 解答 回

1 ア

2 イ

3 ア

4 エ

5 ウ

◇ 解説・放送台本 ◇

1 ケイコは最後に「店で１つリンゴを買う」と言っている。

A： Hi, Mom, I want to make an apple pie, so I need two apples. How many apples did you buy yesterday?	A：ねえ，お母さん，私はアップルパイを作りたいから，２つリンゴが必要なの。昨日はいくつリンゴを買ったの？
B： Hi, Keiko. I bought six apples yesterday, and I gave one apple to my friend.	B：あら，ケイコ。私は昨日，６つリンゴを買って，友だちに１つあげたわ。
A： We ate two apples last night, so there are three apples at home, right?	A：昨夜，私たちは２つリンゴを食べたから，家には３つリンゴがあるのよね？
B： No, there is one apple because your father ate two apples this morning.	B：いいえ，今朝お父さんが２つのリンゴを食べたから，家にあるリンゴは１つよ。
A： OK. Then, **I will get one apple at the shop**.	A：わかった。じゃあ，店でリンゴを１つ買うわ。
B： I see.	B：わかったわ。
Question：How many apples will Keiko buy to make an apple pie?	質問：アップルパイを作るために，ケイコはリンゴをいくつ買うつもりですか？

2 列車の発車時刻は２時30分。It takes 15 minutes from this station to Nishi Station. と言っているので，西駅に到着するのは２時45分。

A： Excuse me. I'm a visitor from Canada. What time does the next train leave?	A：すみません。私はカナダから来た観光客です。次の列車は何時に出発するのですか？
B： **It leaves at 2:30 (two thirty).**	B：2時30分に出発します。
A： Does it arrive at Nishi Station before 3:00 (three)?	A：その列車は西駅に3時までに到着しますか？
B： Yes. **It takes 15 (fifteen) minutes from this station to Nishi Station.**	B：はい。この駅から西駅までは15分です。
Question：When will the visitor arrive at Nishi Station if he takes the next train?	質問：もし次の列車に乗れば，その観光客はいつ西駅に着くでしょうか？

3 現在は6匹の猫がいるが，そのうちおばさんが1匹，友人が2匹引き取る予定なので，女性は3匹の猫を飼う予定。

M： Your cat has just had 4 babies? Wow, how many pets do you have in total now?	M：君の猫が4匹も子猫を産んだの？ うわあ，今では全部で何匹のペットを飼っているの？
W： Well, 6 cats, plus 2 dogs and 3 birds.	W：ええと，猫が6匹と，犬が2匹に鳥が3羽よ。
M： Are you going to keep all the baby cats?	M：子猫を全部飼うつもり？
W： No. My aunt is taking one of them tomorrow, and one of my friends is taking two next Sunday.	W：いいえ。明日おばさんがそのうちの1匹を連れていく予定で，次の日曜日に友人の1人が2匹連れていく予定なの。
M： That's nice.	M：それは良かったね。
Question：How many cats will the woman keep in total?	質問：女性は合計で何匹の猫を飼う予定ですか？

4「2017年は300人以上」，「2018年はそれ以上」，「2019年は約200人」という条件から選ぶ。

A： This graph shows the number of foreign tourists visiting our town.	A：このグラフは私たちの町を訪れている外国人旅行客の数を表しています。
B： Let's see. **In 2017, our town had more than 300.**	B：ええと。2017年には，私たちの町に300人以上の外国人旅行客が来ました。
A： That's right. And **in 2018, we had more foreign tourists.**	A：その通りです。そして2018年には，もっと多くの外国人旅行客が来ました。
B： But **in 2019, our town had only about 200.**	B：でも2019年には，約200人しか来ませんでした。
Question：Which graph are they talking about?	質問：彼らはどのグラフのことを話しているのですか？

5 「5 人の生徒が 10 冊以上の本を読んだ」,「11 人の生徒が全く本を読まなかった」という情報に合うグラフを選ぶ。

Hello, everyone. I'm Naomi. I'd like to talk about reading books. Do you like reading? I do. I read six books last month. I wanted to know how many books my classmates read last month. So I asked them. Look at this graph. **Five students in our class read more than ten books last month**. That's very good. But **eleven students read no books**. Everyone should read more books! Question : Which graph shows Naomi's class?	こんにちは，みなさん。私はナオミです。私は本を読むことについて話したいと思います。みなさんは読書は好きですか？　私は好きです。私は先月 6 冊の本を読みました。私はクラスメートが先月何冊の本を読んだのか知りたいと思いました。それで私は彼らにたずねました。このグラフを見てください。私たちのクラスの 5 人の生徒が，先月 10 冊以上の本を読みました。それはとてもいいです。しかし 11 人の生徒は全く本を読みませんでした。みんながもっとたくさんの本を読むべきです！ 質問：どのグラフがナオミのクラスを示していますか？

12. 英文から物を連想する

解答

1 エ

2 イ

3 ア

4 ア

5 ウ

解説・放送台本

1 ユキは「家でコーヒーを飲むときにそれを使う」と言っている。

A： Happy birthday, Yuki. This is a present for you. Please open it. B： Thank you. Wow, it's nice. **I will use it when I drink coffee at home**. Question : What is the present for Yuki?	A：誕生日おめでとう，ユキ。これはきみへのプレゼントだよ。それを開けてみて。 B：ありがとう。わあ，すてきね。私は家でコーヒーを飲むときにそれを使うわ。 質問：ユキへのプレゼントは何ですか？

2 二人は自転車（bicycle）のつづりがわからないので「辞書」を使うつもりである。

A： What's the problem? B： I don't know how to write the word 'bicycle.' B-Y-C or B-I-C...? A： Oh, I forgot. Let's use this.	A：問題は何なの？ B：「自転車」の単語の書き方がわからないんだ。B・Y・C，それとも B・I・C…？ A：ああ，私も忘れてしまったわ。これを使いましょう。

B： Yes, let's do that.	B：ええ，そうしよう。
Question：What will the two people use?	質問：二人は何を使うつもりですか。

3 自転車に乗るときに頭にかぶる必要があるもの→「ヘルメット」。

A： Mom, I'm going to play baseball in the park. I'll go there by bike.	A：お母さん，公園で野球をする予定なんだ。公園まで自転車で行ってくるよ。
B： Ken, **you need this on your head when you ride your bike.**	B：ケン，自転車に乗るときには，頭にこれをかぶる必要があるわ。
A： Thank you.	A：ありがとう。
Question：What does Ken need on his head?	質問：ケンは頭に何をかぶる必要があるのですか？

4 メアリーは，冬にあたたかくするため身につけるものをポールにプレゼントした。

Mary： Hi, Paul. This is a present for you.	メアリー：こんにちは，ポール。これはあなたへのプレゼントよ。
Paul： Oh, thank you very much, Mary. Can I open it?	ポール　：ああ，どうもありがとう，メアリー。開けてもいい？
Mary： No. Please wait. Guess what it is.	メアリー：いいえ。ちょっと待って。それが何か当ててみて。
Paul： OK. Is it something I can use when I eat or drink?	ポール　：いいよ。食べたり飲んだりするときに使える何かかな？
Mary： No, it isn't.	メアリー：いいえ，違うわ。
Paul： Umm... Is it something I can wear?	ポール　：う～ん…。身につけることができるもの？
Mary： Yes.	メアリー：そうよ。
Paul： Is it something I can wear in winter?	ポール　：冬に身につけられるもの？
Mary： Yes. **You can wear them to make you warm.**	メアリー：ええ。あたたかくするためにそれらを身につけることができるわ。
Question：What did Mary give to Paul?	質問：メアリーはポールに何をあげましたか？

5 それを通して見ると，すべてのものが大きく見え，校庭で花を見ることができる。また，小さなかばんに入れることができるものは，「虫眼鏡」。

Man： Hello. May I help you?	男性　：こんにちは。何かご用はございますか？
Girl： I want to buy... something. I will use it in my science lesson tomorrow, but I don't know how to say it in English.	女の子：私は…あるものを買いたいのです。明日，理科の授業でそれを使うのですが，英語で何というのかわからないのです。
Man： I see. What can you say about it?	男性　：わかりました。それについて何を言えますか？

Girl： Well, I can use it to make something bigger. No... I mean, **everything looks bigger when I look through it**. **I can look at a flower with it in the school garden**. Also, **it can be put in a small bag**.	女の子：ええと，私は何かを大きくするためにそれを使うことができます。いいえ…，私が言いたいのは，それを通して見ると，すべてのものが大きく見えるということです。校庭でそれを使って花を見ることができます。それに，それは小さなかばんに入れることもできます。
Man： OK. I think I understand. I will get it for you.	男性　：なるほど。わかったと思います。あなたにそれを持ってきてあげましょう。
Question：What does the girl want to buy?	質問：女の子は何を買いたがっていますか？

13. 人物と行動を対応させる

◙ **解答** ◙

1 ウ

2 イ

3 ア

4 イ

5 エ

6 ウ

◇ **解説・放送台本** ◇

1 Who made ～?＝「だれが～を作ったか？」。エリカがマリーにカバンを作ってくれた。

A： Hi, Marie. Oh, you have a nice bag.	A：やあ，マリー。おや，すてきなカバンを持っているね。
B： Thank you, Kenta. **My friend, Erika, made it for me**.	B：ありがとう，ケンタ。友だちのエリカが私のために作ってくれたのよ。
A： Really? It's so cute!	A：本当？　とてもかわいいね！
B： I think so, too. She learned how to make a bag from her grandmother.	B：私もそう思うわ。彼女はおばあさんからカバンの作り方を学んだの。
A： I see.	A：なるほど。
Question：Who made Marie's bag?	質問：だれがマリーのカバンを作りましたか？

2 母親に「昼食後にこの部屋を掃除して」と言われ，ジョンは「わかった」と答えている。

A： Aunt Emily will visit us this evening, John.	A：今日の夕方にエミリーおばさんが私たちを訪ねてくるわ，ジョン。
B： I see, Mom. What should I do?	B：わかったよ，お母さん。僕は何をしたらいい？

A： **Please clean this room after lunch**. I'll go shopping for dinner.	A：昼食後にこの部屋を掃除してちょうだい。私は夕食の買い物に行くわ。
B： OK. I will.	B：わかった。するよ。
Question：What will John do after lunch?	質問：ジョンは昼食後に何をしますか？

3 ケンは今日の午前中に宿題をして，晩にテレビを見た。

Ken did not walk his dog today because of bad weather. So, **he did his homework in the morning and watched TV in the evening**. If it's sunny tomorrow, he wants to go on a picnic.	悪天候のため，ケンは今日犬を散歩に連れていきませんでした。そのため，彼は午前中に宿題をして，晩にテレビを見ました。明日晴れれば，彼はピクニックに行きたいと思っています。
Question：What did Ken do today?	質問：ケンは今日何をしましたか？

4 ジュディはトーストと牛乳の他に今朝はりんごも食べたと言っている。

F： What did you have for breakfast this morning, Kazuya?	女性：今朝，朝食に何を食べたの，カズヤ？
M： Let's see. I had rice, miso soup, and sausages. How about you, Judy?	男性：ええとね。ご飯，みそ汁，そしてソーセージを食べたよ。きみは，ジュディ？
F： **I usually have some toast and milk. This morning I also had an apple**.	女性：私はたいていトーストと牛乳よ。今朝はりんごも食べたわ。
M： Oh, you had a lot this morning.	男性：へぇ，きみは今朝たくさん食べたんだね。
Question：What did Judy have for breakfast this morning?	質問：ジュディは今朝，朝食に何を食べましたか？

5 雨の場合にナオコは何をするか？→ナオコは「それでは，家にいて本を読むことにします」と話している。

A： Hi, Naoko. What are you going to do tomorrow?	A：こんにちは，ナオコ。あなたは明日何をするつもりですか？
B： I'm going to play tennis at the park.	B：私は公園でテニスをするつもりです。
A： Really? It's going to rain tomorrow.	A：本当ですか？ 明日は雨になりそうですよ。
B： Oh, no! Then **I'll stay at home and read a book**.	B：まあ，いやですね！ それでは，家にいて本を読むことにします。
A： That's good for a rainy day. I'm going to play the piano.	A：雨の日にはそれがいいですね。私はピアノを弾くつもりです。
Question：What will Naoko do if it rains tomorrow?	質問：もし明日雨が降れば，ナオコは何をするでしょうか？

6 先に家に帰ったのはサムの父親と妹。

Meg： Hi, Sam. How was your weekend?	メグ：こんにちは，サム。週末はどうだったの？
Sam： It was fun. I went to see my grandfather and stayed at his house.	サム：楽しかったよ。祖父に会いに行って，彼の家に泊まったんだ。
Meg： Good. Did you go there with someone?	メグ：よかったわね。そこには誰かと一緒に行ったの？
Sam： I went there with my family.	サム：家族と一緒に行ったよ。
Meg： Sounds nice! Your grandfather was happy to see you, right?	メグ：素敵ね！ おじいさんはあなたたちに会えて喜んだでしょう？
Sam： Yes, but **my sister had dance practice on Sunday, so she and my father had to go back home earlier than my mother and I**.	サム：うん，でも妹は日曜日にダンスの練習があったから，妹と父は，母と僕よりも早く帰らなければならなかったんだ。
Question：Who went back home early from Sam's grandfather's house?	質問：サムの祖父の家から早く家に帰ったのは誰ですか？

14. 理由を聞きとる

回 解答 回

1 イ

2 ア

3 ウ

4 エ

5 イ

◇ 解説・放送台本 ◇

1 win =「勝つ」。won は win の過去形。

A： Hi, what's up, Yumi? You look so happy.	A：やあ，ユミ，元気？ とてもうれしそうだね。
B： Yes, Alex. I won the English speech contest yesterday. I practiced hard with my teacher.	B：そうなのよ，アレックス。私は昨日，英語のスピーチコンテストで優勝したの。先生と一緒に一生懸命練習したわ。
A： Wow! That's great!	A：へえ！ それはすごいね！
Question：Why does Yumi look so happy?	質問：なぜユミはとてもうれしそうなのですか？

2 エミリーは「友人たちと一緒にボランティア活動をする」と言っている。

A： What will you do on Sunday, Emily?	A：エミリー，日曜日は何をする予定ですか？

B： I'll go to the library in the morning, and after that I'll go to the park near our school.	B：午前中は図書館に行って，そのあとは学校の近くの公園へ行く予定です。
A： What will you do in the park?	A：公園では何をするのですか？
B： **I'll do volunteer work with my friends**. We'll clean the park. Will you join us, Ryoma?	B：友人たちと一緒にボランティア活動をする予定です。私たちは公園を掃除します。私たちと一緒にやりませんか，リョウマ？
A： I'd like to join, but I'm going to play baseball with my friends on Sunday.	A：参加したいのですが，日曜日は友人たちと野球をする予定なのです。
B： Oh, I see. Maybe next time.	B：ああ，わかりました。ではまた今度。
Question：Why will Emily go to the park on Sunday?	質問：なぜエミリーは日曜日に公園へ行くのですか？

3 talk to ～＝「～に話しかける」。again and again＝「何度も何度も」。

Yoko： Jim, how long have you been in Japan?	陽子：ジム，日本にどのくらいいるの？
Jim ： For about three months.	ジム：だいたい3か月くらいだよ。
Yoko： Only three months! But you can talk well with people in Japanese, right?	陽子：たった3か月なの！ でも日本語で上手に人と話すことができるわよね？
Jim ： Well, sometimes it's hard for me to understand Japanese. But **people often talk to me in Japanese again and again, so I can talk well with them in Japanese**.	ジム：うーん，ときどき，日本語を理解するのは難しいよ。でも，周りの人が僕に日本語で何度も何度も話しかけてくれるから，彼らと上手く日本語で話すことができるんだ。
Question：Why can Jim talk well with people in Japanese?	質問：ジムはなぜ日本語で人々と上手に話すことができるのですか？

4 カオリが喜んでいる理由→「来月姉に会うことができるから」。

A： Hi, Kaori. You look very happy.	A：やあ，カオリ。とてもうれしそうに見えるね。
B： Yes. **I got an e-mail from my sister. She'll return home next month**.	B：ええ。私は姉からEメールをもらったの。彼女は来月家に帰ってくるの。
A： Really? Where does she live now?	A：本当？ 彼女は今どこに住んでいるの？
B： In the U.S. She goes to a university there.	B：アメリカ合衆国よ。彼女はそこで大学へ行っているの。
A： What does she study?	A：彼女は何を勉強しているの？
B： She studies math.	B：彼女は数学を勉強しているわ。
Question：Why is Kaori happy?	質問：カオリはなぜ喜んでいるのですか？

5 デイビッドの「僕の国にも，浮世絵を所蔵する美術館がいくつかある」という言葉を聞いてユミは驚いた。

Yumi : Hi, David. What kind of book are you reading?	ユミ　：こんにちは，デイビッド。どんな本を読んでいるのですか？
David : Hi, Yumi. It's about *ukiyoe* pictures. I learned about them last week in an art class.	デイビッド：こんにちは，ユミ。浮世絵についての本ですよ。先週，美術の授業で浮世絵について学んだのです。
Yumi : I see. I learned about them, too. You can see *ukiyoe* in the city art museum now.	ユミ　：そうですか。私もそれについて学びました。今，市立美術館で浮世絵を見ることができますよ。
David : Really? I want to visit there. **In my country, there are some museums that have *ukiyoe*, too.**	デイビッド：本当ですか？　そこに行きたいです。僕の国にも，浮世絵を所蔵する美術館がいくつかあります。
Yumi : Oh, really? **I am surprised to hear that.**	ユミ　：あら，本当ですか？　それを聞いて驚きました。
David : I have been there to see *ukiyoe* once. I want to see them in Japan, too.	デイビッド：一度，浮世絵を見るためにそこに行ったことがあるのです。日本でも浮世絵が見たいです。
Yumi : I went to the city art museum last weekend. It was very interesting. You should go there.	ユミ　：私は先週末，市立美術館に行きました。とても興味深かったです。あなたも行くべきですよ。
Question : Why was Yumi surprised?	質問：なぜユミは驚いたのですか？

15. 要点をまとめる

回 解答 回

1 (1) 5　(2) 10　(3) 歴史　(4) ハンカチ　(5) 寺

2 ① 3 (月) 31 (日)　② 4 (月) 13 (日)　③ 日(曜日)　④ 高校の先生を訪問する (同意可)

3 (1) in groups　(2) blue　(3) 15

4 (1) 3　(2) 11　(3) 700　(4) 音楽　(5) サッカー

5 ① オーストラリア　② 歌を歌うこと　③ 4 (時) 20 (分)　④ (例) Because she will have many chances to visit beautiful places in Nagasaki

◇ 解説・放送台本 ◇

1 (1) On August 5, I went to Osaka with my family と言っている。

(2) 8 時に自宅を出発し，2 時間後に大阪に到着した。

(3) we went to a museum to learn about the history of Japan と言っている。history =「歴史」。

(4) I bought a handkerchief at a shop in the museum と言っている。handkerchief =「ハンカチ」。

(5) In the afternoon, we visited a temple と言っている。temple =「寺」。acquarium（水族館）には時間がなくて行くことができなかった。

Hi, everyone. Today, I'll tell you about my trip during the summer vacation.	こんにちは，みなさん。今日は，夏休み中の旅行について話します。
On August 5, I went to Osaka with my family by car. **We left home at eight o'clock and got to Osaka two hours later**. In the morning, **we went to a museum to learn about the history of Japan**. **I bought a handkerchief at a shop in the museum** for my friend. **In the afternoon, we visited a temple**. We wanted to go to an aquarium after that, but we didn't have time. So I want to go there when I visit Osaka again. Thank you.	8月5日に，ぼくは家族と車で大阪に行きました。家を8時に出発して2時間後に大阪に着きました。午前中に，日本の歴史を学ぶために博物館に行きました。博物館の店で友だちのためにハンカチを買いました。午後に，寺を訪問しました。そのあと水族館に行きたかったのですが，時間がありませんでした。だから，大阪をまた訪れるときに，そこに行きたいです。ありがとうございました。

2 ① March =「3 月」。

② April =「4 月」。

③・④ on Sunday, I want to visit our high school teacher with your father と言っている。Sunday =「日曜日」。visit =「訪問する，会いに行く」。high school teacher =「高校の先生」。

男性： Hello. May I speak to Takashi, please?	男性：もしもし，タカシをお願いできますか？
女性： I'm sorry. My father is out now. This is Rina. Who's calling, please?	女性：すみません。父は外出中です。こちらは理奈です。どちら様ですか？
男性： Hi, Rina. This is Mike, from New York. I'm your father's friend. When I was studying in Japan, we were in the same high school.	男性：こんにちは，理奈。ニューヨークのマイクです。私はあなたのお父さんの友人です。日本で勉強していた時，私たちは同じ高校にいました。
女性： I see. He will come back home in the evening.	女性：そうですか。彼は夕方に帰宅します。
男性： O.K. May I leave a message for him?	男性：わかりました。彼に伝言を残してもいいですか？
女性： Sure.	女性：もちろんです。

男性： **I'm going to stay in Japan from March 31 to April 13.**	男性：私は3月31日から4月13日まで日本に滞在するつもりです。
女性： March 31 to April 13?	女性：3月31日から4月13日ですね？
男性： Yes. During my stay in Japan, I don't have to work on Sundays and Mondays.	男性：はい。日本での滞在中，私は日曜日と月曜日は仕事に行かなくてよいのです。
女性： Uh-huh.	女性：はあ，それで。
男性： I think your father's holidays are Saturdays and Sundays, so **on Sunday, I want to visit our high school teacher with your father.**	男性：あなたのお父さんの休日は土曜日と日曜日だと思うので，日曜日にお父さんと一緒に高校の先生を訪問したいと思っています。
女性： I see. I will tell him about that.	女性：わかりました。そのことを彼に伝えておきます。
男性： Thank you. Bye.	男性：ありがとうございます。さようなら。

3 グループで作業をすること，燃やせるごみは青，その他は黒のビニール袋に入れること，15分作業したら5分休憩することの3点について説明をしている。

Thank you for joining this volunteer activity. You will pick up garbage along the beach in the morning. I'm going to tell you three things about today's volunteer activity. First, **please work in groups**. In each group, we want one person to become a leader. Second, **please put garbage you can burn into blue plastic bags** and put other garbage into black plastic bags. We will give plastic bags to your leader later. Third, **please take a rest for 5 minutes after working for 15 minutes**. It will be very hot today. Please drink something during your activity. We hope everyone will go home with a smile after this volunteer activity. OK. Let's begin.	ボランティア活動に参加してくださりありがとうございます。午前中に海岸に沿ってごみを拾います。今日のボランティア活動について3つのことをお話しします。1つ目は，グループで作業をしてください。それぞれのグループの中で，1人にリーダーになってもらいます。2つ目に，燃やせるごみを青いビニール袋に，その他のごみを黒いビニール袋に入れてください。後でリーダーにビニール袋を渡します。3つ目に，15分作業をしたら，5分休憩をとってください。今日はとても暑くなります。活動中に何かを飲んでください。このボランティア活動後に，みなさんが笑顔で帰宅することを望みます。それでは，始めましょう。

4 (1) on March 25 と言っている。
(2) for eleven months と言っている。
(3) about seven hundred students と言っている。
(4) I liked music class the best と言っている。like ～ the best =「～が一番好きだ」。
(5) I sometimes played soccer with my friends after school. と言っている。

Hi, everyone. **I came back to Japan from Australia on March 25. I stayed in Australia and studied at a high school there for eleven months**. I'm going to tell you about my school life in Australia. **There were about seven hundred students in the school**, and there were many students from foreign countries. For example, thirty students were from China, and twenty students were from India. All the classes were interesting, but **I liked music class the best. I sometimes played soccer with my friends after school**. Thank you.	こんにちは，みなさん。私は3月25日にオーストラリアから日本に戻ってきました。私は11か月間オーストラリアに滞在し，そこの高校で勉強しました。私はオーストラリアでの私の学校生活についてみなさんに話すつもりです。 その学校には約700人の生徒がいて，外国から来た生徒が多数いました。例えば，30人の生徒が中国の，20人の生徒がインドの出身でした。すべての授業がおもしろかったのですが，私は音楽の授業が一番好きでした。私は放課後ときどき友だちとサッカーをしました。ありがとうございました。

5 ① I was born in Australia と言っている。

② I like playing sports and singing songs と言っている。

③ It starts at four twenty と言っている。

④ メアリー先生は，長崎の中の美しい場所に行く機会がたくさんあるだろうから，長崎で働くことができてうれしいと思っている。

Hello, everyone. My name is Mary. **I was born in Australia**, but when I was six, I went to Canada with my family and lived there. My brother lived in Nagasaki three years ago. He always talked about beautiful places in Nagasaki. I'm very happy to work here because I'll have many chances to visit those places. **I like playing sports and singing songs**. So I want to enjoy them with you. I'm going to have an English club after school every day. **It starts at four twenty**. If you're interested in it, come to the English room and join us. Thank you.	こんにちは，みなさん。私の名前はメアリーです。私はオーストラリアで生まれましたが，私が6歳のとき，家族と一緒にカナダに行き，そこに住んでいました。私の兄は3年前に長崎に住んでいました。彼はいつも長崎の美しい場所について話をしてくれました。私はここで働くことができてとてもうれしいです。なぜならそのような場所に行く機会がたくさんあるだろうからです。私はスポーツをすることと歌を歌うことが好きです。だから私はあなたたちと一緒にそれらを楽しみたいです。毎日放課後英語クラブをするつもりです。それは4時20分に始まります。もし興味があれば，英語教室に来て参加してください。ありがとう。